作者 赵明华近照

Yearning to See You
只想见到你

赵明华 著

Billson International Ltd.

Published by
Billson International Ltd
27 Old Gloucester Street
London
WC1N 3AX
Tel:(852)95619525

Website:www.billson.cn
E-mail address:cs@billson.cn

First published 2025

Produced by Billson International Ltd
CDPF/01

ISBN 978-1-80377-162-5

©Hebei Zhongban Culture Development Co.,Ltd All rights reserved.

The original content within this product remains the property of Hebei Zhongban Culture Development Co.,Ltd, and cannot be reproduced without prior permission. Updates and derivative works of the original content remain the property of Hebei Zhongban. and are provided by Hebei Zhongban Culture Development Co.,Ltd.

The authors and publisher have made every attempt to ensure that the information contained in this book is complete, accurate and true at the time of printing. You are invited to provide feedback of any errors, omissions and suggestions for improvement.

Every attempt has been made to acknowledge copyright. However, should any infringement have occurred, the publisher invites copyright owners to contact the address below.

Hebei Zhongban Culture Development Co.,Ltd
Wanda Office Building B, 215 Jianhua South Street, Yuhua District, Shijiazhuang City, Hebei province, 2207

萍踪心影

——《只想见到你》的诗意之旅

苏东坡在《和子由渑池怀旧》中写道："人生到处知何似，应似飞鸿踏雪泥。泥上偶然留指爪，鸿飞那复计东西。"这首诗道出了人生如飞鸿般漂泊，在时光中留下短暂印记的哲理。当代诗人赵明华的《只想见到你》恰如这飞鸿踏雪，在诗篇中留下了深深浅浅的生命印迹。

读赵明华的诗，仿佛在聆听一场心灵的独白，时而温柔细腻，时而热烈奔放。他的《只想见到你》不仅是一部诗集的名称，更是一种情感的追寻与心灵的呼唤。赵明华的诗，既有对爱情的深情告白，也有对生活的细腻观察；既有对自然的敬畏，也有对人生的深刻思考。他的诗行间，流淌着对情感的执着与对生命的感悟，带领读者走进一个充满诗意与温情的世界。

春之絮语，生命绽放的诗意栖居。在《我在灿烂的春天里》，诗人以"醉去，静若天籁"的姿态，展现了与春天对话的独特方式。这种诗意栖居让人想起王维"行到水穷处，坐看云起时"的禅意，却又多了几分现代人的迷茫与觉醒。诗中"取悦不了春天的美，那就取悦我的内心"的宣言，恰如李白"仰天大笑出门去，我辈岂是蓬蒿人"的洒脱，却又带着现代人的自我救赎。

《给你一首诗》中，"为了爱，喜欢深色；为了你，甘愿深渊"的深情告白，让人想起李商隐"春蚕到死丝方尽，蜡炬成灰泪始干"的执着。诗人将爱情升华为一种生命的献祭，在深色与深渊之间寻找诗意的平衡。

《吻我》一诗中，"知道你在江汉平原，一个不起眼的村落"的细腻描写，展现了现代人对乡土的诗意想象。这种想象既不同于陶渊明"采菊东篱下，悠然见南山"的隐逸，也不同于杜甫"国破山河在，城春草木深"的忧思，而是带着现代人的浪漫与期待。

四季轮回，时光流转中的生命印记。《我在景洪等你》中，"埋得最深的情感，是最肤浅的爱恋"的悖论式表达，展现了现代人情感的复杂性。这种表达让人想起李清照"此情无计可消除，才下眉头，却上心头"的缠绵，却又多了几分现代人的理性思考。

《原来你在这里》中，"半张床空了很久，棉被我焐了很久"的细节描写，展现了现代人孤独中的温暖期待。这种期待让人想起苏轼"但愿人长久，千里共婵娟"的祝愿，却又带着现代人的现实感。

《小夜曲》中，"我已不再迷恋炽热，带给我一场花事，一场碎事"的感悟，展现了现代人对爱情的理性认知。这种认知让人想起纳兰性德"人生若只如初见，何事秋风悲画扇"的感慨，却又多了几分现代人的豁达。

生命印迹，诗意栖居中的永恒追寻。《听鸟》中，"我举着手，向天空挥动，召唤成千上万的鸟，飞进我的心里"的想象，展现了现代人对自由的向往。这种向往让人想起庄子"逍遥游"的境界，却又带着现代人的浪漫主义色彩。

《花兮》中，"越美的花，生命越短暂"的感悟，展现了现代人对生命本质的思考。这种思考让人想起李煜"春花秋月何时了，往事知多少"的哀愁，却又多了几分现代人的理性认知。

《喂》中，"我爱你，从一个平面到一个空间"的表达，展现了现代人对爱情的立体认知。这种认知让人想起秦观"两情若是久长时，又岂在朝朝暮暮"的豁达，却又带着现代人的空间想象力。

《只想见到你》中的每一首诗，都如飞鸿踏雪般在时光中留下独特的印记。这些印记既有古典诗词的韵味，又带着现代人的思考与表达。诗人在传统与现代之间寻找平衡，在时光流转中捕捉永恒，为我们展现了一个充满诗意的精神世界。正如苏东坡所言，人生如飞鸿踏雪，留下的不仅是印记，更是对生命意义的永恒追寻。

赵明华的《只想见到你》，宛如一座连接古典与现代的诗意桥梁。它承载着千百年诗词文化沉淀下来的深厚底蕴，又以现代视角赋予其全新的生命力。在这本诗集中，我们看到了爱情的炽热与深沉，生活的琐碎与美好，自然的神奇与敬畏，以及对人生意义不懈的叩问。每一首诗都是诗人心灵的映射，每一个文字都是对生命的礼赞。它不仅是诗人个人情感与思考的结晶，更是为当代读者提供了一片可以栖息心灵的精神绿洲。当我们合上这本诗集，那些诗句依然在心中回荡，提醒着我们在这纷繁复杂的现代社会中，不要忘却对诗意生活的向往与追求，始终怀揣着对生命意义的永恒追寻，让心灵在诗意的世界里自由翱翔，去书写属于自己的那一段"萍踪心影"。

邹　辉

2025 年 1 月 15 日

目 录

2023 年写的诗 / 001

我在灿烂的春天里 / 002

给你一首诗 / 003

吻我 / 004

我在景洪等你 / 005

原来你在这里 / 006

小夜曲 / 007

听鸟 / 008

花兮 / 009

喂 / 010

忆茶 / 011

二月末 / 012

十四行：不说 / 013

关于石家庄 / 014

春天花会开 / 015

起风的日子 / 016

十四行：我 / 017

我的手 / 018

雨过天晴 / 019

惦着的人 / 020

归来 / 021

春风颂 / 022

春之祭 / 023

海的那边　/ 024
读　/ 025
春之湖　/ 027
去北方　/ 028

2022 年写的诗　/ 029

二月的爱情　/ 030
等你，那片海　/ 031
别　/ 032
葬　/ 033
我常想　/ 034
从　/ 035
麻雀　/ 036
纸鸢　/ 037
和春天有关的事　/ 038
你有吗？　/ 039
刺破　/ 040
与你相约　/ 041
我在等你　/ 042
把幸福写在纸上　/ 043
仙居　/ 044
风，吹过我的城市　/ 045
心声　/ 046
一朵浪花　/ 047
海水漫过我的脚背　/ 048
此相遇　/ 049
午睡　/ 050
伸手　/ 051
我住长江尾　/ 052

六月花未开 / 053

钢琴考级 / 054

在浙里 / 056

一个老人静坐着 / 057

归途 / 058

终点 / 059

时空 / 060

回家 / 061

人间 / 062

2021年写的诗 / 063

我在梵净山等你 / 064

鸟 / 065

喜欢 / 066

十四行：岔路口 / 067

有束光，进了我的心里 / 068

我是你秋天的眼睛 / 069

光 / 070

初心 / 071

行李 / 072

那里 / 073

雨落下来 / 074

感觉 / 075

我在海边等你 / 076

阳光下的长椅 / 077

午后 / 078

春天里 / 079

之前 / 080

翔 / 081

俯卧撑 / 082

宅 / 083

你好，阳光 / 084

摇晃 / 085

致你 / 086

喜欢黄昏 / 087

门 / 088

正午 / 089

耳语 / 090

晨起 / 091

献诗 / 092

那片花海 / 093

我没告诉你 / 094

不骗你 / 095

夏天，我要把雨水储存起来 / 096

无题 / 097

给予 / 098

十四行：有时 / 099

2020 年写的诗 / 101

2020 / 102

我去明月山 / 103

吟 / 104

写给春天 / 105

有些事 / 106

我们的山 / 107

十四行：风，吹过小镇 / 108

伤害自己 / 109

去水的那边 / 110

我看见黄花在青草中摇曳　/ 111

回来　/ 112

痛得难以承受　/ 113

哭泣　/ 114

此时此刻　/ 115

我给大海寄一封信　/ 116

蓝　/ 118

熟悉的陌生人　/ 119

唤　/ 120

风　/ 121

一月之末　/ 122

公园　/ 123

不说幸福　/ 124

远方　/ 125

唱庐山　/ 126

炫　/ 127

删掉　/ 128

我与你的距离　/ 129

无关　/ 130

抹　/ 131

月亮　/ 132

2019 年写的诗　/ 133

八年　/ 134

假如我们还能相聚　/ 135

等得你太久　/ 136

出岗　/ 137

何须幻想　/ 138

十四行：秋之醉　/ 139

雨中狂想 / 140

十四行：一个高高的人走过小镇 / 141

咳出血的春天 / 142

出乎意料的白 / 143

野花 / 144

活着 / 145

色 / 146

一个人的七月 / 147

留下 / 148

月夜 / 149

我与你 / 150

怀抱 / 151

停下 / 152

困 / 153

我那张老皱纹的脸 / 154

在雨中 / 155

我需要 / 156

看远方 / 157

有一只鸟飞来飞去 / 158

时刻 / 159

独处 / 160

春之燃 / 161

起风的时候 / 162

小城 / 163

我在街边跑步 / 164

想到了什么 / 165

一声惊叹 / 166

写诗给朋友 / 167

冬与春 / 168

失去的，还会回来吗 / 169

渐行渐远 / 170

我是风，我是雨 / 171

和春天有个约会 / 172

相遇 / 173

月光 / 174

我一个人去 / 175

三月 / 176

我也想 / 177

甜食 / 178

时刻 / 179

岸 / 180

赤裸裸 / 181

在此 / 182

十四行：只有一道风吹过 / 183

银杏树下 / 184

友人行 / 185

2018 年写的诗 / 187

撑开一把伞 / 188

东湖 / 190

叶子 / 191

看见你 / 192

冬，来之前 / 193

被风吹了 / 194

我们的故事 / 195

呐喊 / 196

晌午 / 197

走过坟墓 / 198

累了 / 199

返程 / 200

半坡 / 201

晚年 / 202

下雨鸟叫 / 203

信息 / 204

去远方 / 205

风从湖面来 / 206

船 / 207

我能在夜晚唱歌么 / 208

老城 / 209

远行 / 210

照片 / 211

拉下窗帘 / 212

去了 / 213

无题 / 215

太行山小夜曲 / 216

九月的收获 / 217

暮色 / 218

这样的夜晚 / 220

不知道，就不要告诉她 / 221

今夜遇见你 / 222

云水瑶献吻 / 223

想去远方 / 224

此刻 / 225

我们相聚 / 226

远方 / 227

在我老去的肉体里 / 228

从前 / 229

别　/ 230

桃花凋谢　/ 231

野花为谁开　/ 232

有春天吗　/ 233

在海边　/ 234

老了　/ 235

生活　/ 236

2017 年写的诗　/ 237

春天来了　/ 238

无题　/ 239

人，老了　/ 240

在海边遐想　/ 241

感恩相遇　/ 242

远山　/ 243

早晨　/ 244

不愿错过　/ 245

声　/ 246

我把诗，写在垃圾袋上　/ 247

头发黑，是染的　/ 248

凝望　/ 249

雪儿　/ 250

情人　/ 252

邂逅　/ 253

一定要微笑　/ 254

方向　/ 255

魂丢了　/ 256

在你远行的时候　/ 257

2023 年写的诗

我在灿烂的春天里

我多想在这灿烂的春天里
醉去，静若天籁
此刻，即没双手合十
放下所有，浑身轻松

我无法说服自己
觉醒会让我哭泣
跌倒会心碎不已
请允许我离开，灵魂还在

取悦不了春天的美
那就取悦我的内心
让白云绕过，让波涛冲刷
我还是我吗

上海后滩

给你一首诗

我要写一首诗,给你
是从心底里呼喊的声音

每个季节,都有美的忧郁
是从身体里逃出来的蛊
会背道而驰收拾人的心
我正是被砸中头,脚,手,以及心

晴朗的天气,穿过街角
阴雨的日子,徜徉湖岸
风平浪静,只为看天边一抹红
幻想你的拥抱,又何必多言

为了爱,喜欢深色;为了你,甘愿深渊
然后沉默,然后坠落
一首你喜欢的诗

上海浦东

吻我

知道你在江汉平原
一个不起眼的村落，小屋，几片瓦砾
知道你在村口等我
一条无名的小河，有鱼，也有水草

知道吗，我想挣脱
今晚，哪怕午夜降临在你床前
我能说什么，我又能写什么
看完白天的诗，黑夜更漫长

剩下的你来写，看不懂的我来念
如果诗能化成雪花
如果纸能折成飞机
你应该知道，我降落在何处

湖北武汉

我在景洪等你

此刻，飘逸之恋，弥漫
晚风多姿，醉了小城

我从东走到西，又从北走到南
没人知道我的沉默，是为一朵花盛开
降伏自己，为抒情而溺灭
渴望你来，盼望你来
打开全部的甜蜜，景洪告诉你

埋得最深的情感，是最肤浅的爱恋
午夜璀璨，何止是飘逸，何止是随心
在这个四季扬春的小城，翻卷无声
等候是灯红酒绿，等候是色彩斑斓
还有如梦似仙飘洒的美好

云南景洪高庄

原来你在这里

我总有个秘密,在心里盘缠折腾
没碰头,也不忏悔
年少气盛,输得起青春
怀揣一年四季,收藏切肤之痛的心思

青春只是瞬息。包括时间

但是,心里有明月,夜色却让我恐惧
是一想到你,时辰也会温柔
点燃一盏灯,看树叶在奔跑,与我逆向
半张床空了很久,棉被我焐了很久

你,让我凝视,让我坠落
想念我的任性,想不曾负我的人
今夜,我战栗,把自己灌醉

云南景洪高庄

小夜曲

席地而坐，借一点月光
饮茶、阅读、聊天、听音乐

我已不再迷恋炽热
带给我一场花事，一场碎事
去寻菊问梅，说着比落日更深的闲话
目光有没有颜色，幸福温度是多少
对我来说，已经微不足道
只需夜色掩盖，淡然而甜蜜

知道你想留宿，你我刚认识
没有约定，也没等待
是否让彷徨挣扎，让花儿绽放
多美啊，年轮不是孤舟，芳华清雅弥散

云南景洪高庄

听鸟

天无棱海无角
我举着手,向天空挥动
召唤成千上万的鸟,飞进我的心里
带走身体内一缕微光,去往远方

食放在掌心,伤落在身上
有些事,我想问清,倾斜身子
大海翻涌,红嘴鸥翻飞
我的爱,你的背叛,缠绵一生

鸟儿,飞越,风姿,摇摆我的堤岸
飞越的路线,意乱情迷,危险直上直下
能给出一个理由,想盗取什么
允许动一次凡心,看海面倒映的容颜

飞来的时候,我抛上一把鸟食
天空五彩缤纷,鸟语落海

      云南昆明滇池

花兮

越美的花，生命越短暂
不可思议。我的离开，你的盛开
浩荡春风，和赞美之词倾泻

寂寞而短暂的一生，落满尘垢
皱巴巴的我，没足够理由说爱你
这些天，阳光充沛。万物竞折腰
你的美，千回百转。那金鸡峰丛
没一点隐落
给了天空、大地、人间，给了你我

我的瞭望，你的静默
那些爱情，选择合适的时候
幸福会被认领，是无可救药

贞洁必须维护
灵魂早已认怂

云南罗平

喂

如何让你爱我，在孤单的时候
没有遭受禁锢，自由地呼吸
被蓝天蛊惑，从景洪追到罗平
一只鸟低飞，是在哪？因为太美
绵绵不绝的红土地，说不出的心事
怀孕着富饶，也怀孕着你
我爱你，从一个平面到一个空间
从身体里扩散到面面相觑
万物低垂，晚风不停地吹
我长久地深思，我长久地陷入
爱是无法阻挡，如同太阳和月亮
看漫山遍野油菜花，炽热的黄
心动的我们，完成一次交融
是灵与肉的结合

云南蒙自

忆茶

给我果实,我吃下。暖暖气候种植,很甜
若给我水,我喝下。说是百年千年茶叶泡就
我不懂那苦涩,雾霭里飘来的香

怀疑人世,我活这么长
吞进肚里的是多少个世纪,思念都来不及
白,不忍心揭开假象;黑,是否被善良泯灭
学会温柔,无关紧要的疼痛
流水不腐,灰烬纷扬,还大地一个轻风
感知沉重之事,选择枯萎的方向

那一罐茶叶,是小而精的包装,一点点
肉体与灵魂一次又一次调和融合
那茂盛枝叶,制成普洱,复活人生
熟谙生活也熟谙死亡,亦生亦死
掩埋得越深,赞美也成了多余
不如不悲不喜,淡然过之
品茗一杯茶,照亮你我他

      云南昆明

二月末

漫不经心,采一朵花
放在我胸前,闻一丝香

哦,我回自己的故乡
在宅院,花叶落满地
我写诗取悦,春天的来临
看你喃喃自语,望着远方
嚼朵花,隐约色彩里

二月,被引诱的季节
即使不动声色,也不喜不忧
看春暖花开,你的脸

云南罗平

十四行：不说

你不说，我也不说
扭头向背，何止是一言不发
一番挣扎，撕裂心肺，和剧痛

爱情和我们，夜色多彩缤纷
回到事无巨细的琐碎
回到繁忙生活的充沛
更有悦而不喜的事物混在其中
有多少夜晚，感到宽心
有多少白昼，依然妩媚
所有的欢乐都已飞逝
所有的筵席不过摆设

可爱的往日，我们记住
微笑的箴言，可以放飞
而你我的不说，或是最好的默契

河北石家庄

关于石家庄

对于这座城市,我只是过客
却将美好留在生命里
惊心,把诗镌在此
称不上美文

这,离西柏坡不远,离正定更近
我怀着敬仰去的,又在温塘镇泡澡
我把石家庄呼唤成名字,一遍一遍默读
请怀念,英雄的城市

吸引我沉思的眼睛,不仅仅是新中国前夜
更多是辉煌灿烂。张家口,崇礼也不远
我把诗留下,也把心留下

河北石家庄

春天花会开

五月透亮的天，一直很纯粹
春暖花开，我想掏出所有去备孕
交给我那执迷不悟的蓝

只怪我们相遇，不是时候
前半生端着，后半生耗着，只为等一个春天
赠一份礼物，有泪蕴含血的沉重

不嘲讽我，不赞美我
我的月亮不白，我的太阳不红
撕裂的情感，不摇坠不任性

苍翠的五月，我凝视，我仰望
透亮是因为恰到好处，纯粹是因为若有若无
看不到花开，心里也留存一份香

      河北白洋淀

起风的日子

风起时,满地落叶飞舞
寂寞,结束短暂的一生

在树枝上,人们欣赏
叶的优雅,飘逸的颤动
落下,悲欢与尘垢消逝
腐烂于泥,回归了尊严

每个时节都有风,每个时日都落叶

不过,我正是提心吊胆地告诉你
起风的时候,再听听落叶的诉求

河北保定

十四行：我

我怀揣着春天，去奔跑。多想
采一束鲜花，给我所爱的人们
大街上没有人影，连鸟也不知躲那棵树上
流浪猫再没人投喂，流浪狗无精打采游离
幸好！我有张通行证，限时看风看雨看自己
失去感知，淹没自己，战栗疼痛自己

没了风姿的杨柳，没人清扫的树叶，也是风景
有风月，有斑驳，有滴水不漏的色彩，也是生活
不遗余力清零病毒，是拨亮一盏灯，我的容颜
为你，我流逝了今天，我预留了明天
不为婆娑的回眸，而被不动声色的蛊惑
愿你伟大，愿你平安，我的城市

小巷无人，大街无车，空旷的前所未有
但无声的春天，我依然昂首跑步向前

上海杨浦

我的手

我的手,你的爱
伸向远方的时候
你却在我身边

我的手,是热的
伸展,照亮你前行的路
胸怀,能容纳一个冬天的雪

出门,别忘了点亮灯
即使远隔千山万水
也有我抚摸的光,我的手

上海杨浦

雨过天晴

满含雨水的春天,我有多喜欢
就如我不顾一切,在雨中奔跑
让花瓣飘落,沾我一身的香气
心里泛起阵阵暖意,去深爱这个春天
不仅仅是每一朵花,和每一片发光的叶子

我知道春天,刚从冬日走来不易
陈年的事已埋葬,蓬勃而生的是万物
挣扎要鸟鸣时,大显身手,绽放新生
有足够的时空,太阳月亮都为之欢呼
沉默不再是谜,只想世界对万物有个赞美

我没有什么要捧场春天,只是从冬天走来
风尘仆仆,对这个伤痕累累的春天,说句抱歉
爱春天的同时,疑问病毒也会与春眠突醒
伤及整个世界,还一直隐喻潜伏,掠夺我们
我除了奋不顾身拦截杀死,还有路可退吗

上海五角场

惦着的人

灯影摇曳，临窗饮酒
多少次想着与人有关的故事

起风了，下雨了
千思念，万思愁，追寻你的城市

一杯酒纵然能把我灌醉，流泪
却无法打捞，照亮午夜的梦

不想隐藏雨夜的花朵，不想挡风埋藏的葱郁
摸清你的方向，不会再错过

如果明白，不如放声哭
人生已近晚，春天亦来临

上海江桥

归来

我想用清朗的诗
我想用真诚的心
奔向我的左边

我的内心藏着渴望
你的宽广，你的纵横
哪怕撕裂我的肌肤
哪怕灰烬我的灵魂
也期盼你早日归来

我明白，你的前面
波涛汹涌，白浪翻卷
我知道，你的深渊
八方诱惑，四面漂泊
可我仍然要站起来

不想极目远眺迎送你
就是燃尽我的生命
也要与你共舞泯灭

上海杨浦

春风颂

需要怎样的情怀
春风才会拂面
说温柔，吹开一个度化的人

风，会让草，摇摆中撞击
湖水，波浪涌动
而我们，都可以重生

风说，穿过你的五指间
我说，进驻你的心房里
风从远方来，我向未来去

上海浦东

春之祭

陈年的伤口
一口亲吻能抚平吗
是痛是血
也不是时间能忘掉

是一场布局,还是我治愈
你不必说,我也没期待
我恨,正如遇见的风景
无需掩饰,那是剧烈的快乐
撕裂尚未开封的痛苦

我不会说,但我会写
滴血的诗句,如春天一般
染红绚丽的花瓣
终将随风飘落,入土
我想,是无声的祭奠

上海杨浦

海的那边

因为我想,所以飞到你的城市
没有凭眺,没有吟唱

我没有感觉身在异乡
我没有感觉半点陌生

站在嶙峋的岩石
俯瞰波涛的大海
烟雨,我被笼罩
雾气,我被潮起

我在大海边奔跑,哭泣喊你
源自我抒情的相思
源自我两鬓的寂寞
真的,想你回家

广东湛江

读

即使我们已分手
我也会默念你名字,且常常
你不应是我的过客
我爱你呵,请别远离

我痴情你的红唇,渴望你的腰肢
光泽的黑发,清风的眷恋
叹惜失去,也甘愿默认消失
是否我被逐出你的伊甸园
我不忍,盘桓前前后后

失去才知珍惜,是我读懂
至于我,飞逝的韶光
一生暗无光彩,也不萦怀
只是面对黑夜白昼
再不飘然虚度年华

是的,读懂你的名字
我付出了辛酸,付出了欢乐
千言万语,只有一句
谢谢,还是谢谢

　　　　　　河北石家庄

春之湖

我看自己的倒影,在湖中
与你交流的时候,在跳舞

我那不值一提的情怀
是摇摆的疼痛,也是静谧的卑微
真想沉下,在不见人影的湖底

你说,一场游戏一场梦
我说:一场人生一场戏
遇见的时候,我在街边吸烟看你
相别的时候,你在湖边拨弄柳枝

樟树叶总是绿,因为一年四季都有叶
而我倒影中的天空,却充满怀疑
是一种悲悯,泛光湖面上
草,枯萎也渐渐变绿了

浙江杭州

去北方

很显然,我一直在寻找
离开湿漉漉的南方
是自私,还是怯懦
有一次飞翔,去北方

揉不完的眼睛,生怕沙子吹入
全身包裹,生怕冻出了病
处心积虑地婉拒前半生
毫无激情,登上北去的列车
北方,有那么恐怖吗
风沙劲吹,冰天雪地

这么多年,想浪漫的理由
可以遗忘怯懦,可以勇敢迈步
其实,北方很沸腾,也很明亮
只是害怕愚蠢的飞翔,真笨

浙江绍兴

2022 年写的诗

二月的爱情

提心吊胆地等待
说出这句,想好久的话
风吹来,有些冷,但白玉兰花却已盛开
不知道用多长的沉默,才会谢

有一种抽离,叫持久
回望你我的关系,风是无法阻挡
你把香水喷在发际,我把酒瓶系在腰间
站在彼此的背后,故事一直在延续

我相信,二月的早春
波光映在你脸上,泛起了春天
月色流动的午夜,露出了甜蜜
我不说,你也知道

安徽亳州

等你,那片海

我早就听说你
我早就想着你
都被阻隔,陷入苦恋

等你,在阳光下
碧清湖水,红日落沉
白鹿飞越,歌舞升平
等你,时间之内
在我怀里,在我心里
翡翠荧光,落沉沸渢

我在湖上泛舟
你在湖岸翩跹
等你太久,只为今天相见

江苏南通

别

你喊停,我才读懂
娴熟地脱下伪装的外套

唇边吐出的言语,有多沉
背负心魔的痼疾,有多累

就像驮着一座庙
误入歧途撞上钟

星辰在呜咽
微风在低泣

唯有我的疼
想摁住呜咽与泣声

山西绵山

葬

比起坟墓，占一方地
树葬，却显得不慌不忙
仿佛死亡，揣了许久
烧了自己，出生种下的树

受够红尘的疼痛
把刀别上腰，把枪眼瞄准

山水，曾经那样的涉过
黄昏，举起喝干的酒杯

轻风拂过我的肉体
晃来晃去不安的悲悯
人生是一场欢畅盛宴
我愿与树一起埋葬，焕然重生

    K495 次列车上

我常想

有时,我在想
在僻静的路上,会遇见什么
在喧闹的街上,又看见什么

多年来,我一边忍受,我一边抗争
与自己过不去,一路前行
为了生存,我不安分
喘息、颠簸、疾患,甚至死亡
抵挡了西风,又来了北风
绝不听命时间的判决

我微笑,自己还在路上
即使满身经世的尘埃
即使回首人生的荆棘
依然,倚栏吟咏
放眼,灯火斑斓

浙江舟山

从

夜，黑得看不见人影
昼，更痛得心在流血

能聚的，不慌不忙离开
能散的，从容不迫汇聚

雨淅沥地下，叶噗噗地落
我身体在抒情，是五脏六腑的火焰

固执，是我还向往远方
喜悦，不是囹圄在屋里

我知道，大地的宽容，是爱
修行的，不惧你不轨，从善

很快，疫情呼啸而过
很快，我们又会相聚

上海五角场

麻雀

看书的时候,窗台上两只麻雀
跳跃,鸣叫,朝我挑衅
我怔了,它不惧人

看见麻雀,如同看见天空
以及天空的蓝,和云朵
而树,绿叶在天空下摆动

五脏齐全说麻雀,闲言碎语讲麻雀
有这么讨厌,承载人间的不幸
我不想绑架,也不愿供奉

麻雀,还是可爱的,还在欢歌
我扭头,一言不发
再看窗台,没影没声了

江苏泰兴

纸鸢

我在春天里写诗
就一张纸上，涂抹
是天空，是湖面，是泥土

我没什么好歌唱，也没什么好泣诉
是呵，没有一个春天不会到来
更没有一个寒冬不会过去

天再蓝，水再绿
经脉透明，及凋敝的身躯
心在肉体里，灵魂就是虚幻的

如果许多日子，都是绝望的
一戳就破，一点就碎
还能写成我，化作一首诗

河南洛阳

和春天有关的事

我想示人,因为春天来了
麻雀叽喳乱飞,连树叶都狂欢
按捺不住,月亮也温柔了许多

我摇摇晃晃从冬天来,一身疲惫
拖着满身的希望,装满鼓鼓的礼物
给春天献礼,向春天致敬
这是我,好不容易积攒一个冬天
坐在春天的门口
连堂吉诃德都羡慕住进怀里
想搭乘去春天的火车

我想了很久很久,春天会不会接纳我
给我一片春色的同时
还赠送山川、田野、狗和猫
想着想着,低下了头
捂住脸,看春天的眼睛,已绽放

江西南昌

你有吗?

我知道你很远
住赣江平原的一个村里
不知名,让我怀念的小屋

放假,你会来吗? 一张车票
你的周末是我的星期几
我想过午后,也想过午夜

想去街边走走,更想树下接吻
你的眼神,我的心慌
举起我的红酒杯
沉醉是更好的温暖

江西赣州

刺破

我要用刀刺向你,而且是最锋锐的
刺破你深藏的密码
一个一个揭露,一个一个分解

你太不够地道,以为我是懦夫
如洪水,似猛兽,席卷而来
吞噬我,连一根毛发,一个微笑,也不留

知道你日日夜夜找我,知道你分分秒秒袭我
不给我安宁,不给我清静,想我颓废
然后呢,你称王称霸,你畅通天下

噢不!噢不!看见了吗?你看见了吗?
我举起的,是带血的,是铮亮的
而且要热气腾腾淹没你,你死为止

江西南昌

与你相约

或许是偶然相见
或许有非分之想

相遇的刹那间
想有一个湿身的春天

像风一样吹过，有些冷
像雨一样淋过，有些凉

人生路漫漫
整个晚上都在想为什么？

人世的辽阔
彼此能给对方什么喜悦？

人生风景的每一段旅程
患得患失却想拥有全部

其实抓住一刹那的瞬间
丢掉一定是自己的全部

甘肃兰州

我在等你

喜欢你什么啊,跟你去山上
整座山都沉默寡言
却开满鲜花,披满绿

你若隐若现
为什么?一个人去了南山
在清晨的炊烟里
在夕阳的田埂中
不争不吵不炫的寂静
清白的日子,与我何干

吟哦,山谷的月色下
更多是一个人的怀想
消弭,生活的底色中
更多是擦肩而过的相遇
不过,我还是遗憾
这一夜,没能走近你

浙江永嘉岩上村

把幸福写在纸上

有没有幸福,我说没!你不信?
只有从内心涌起的,会心地笑
云更白,天更蓝,水更清
万物是一种魂,举觞又在哪?

男人身体藏着一杯酒,一生在沉醉
女人唇齿隐秘一片红,一生在飘摇
厌倦纷扬的人生,缱绻生活的缝隙
你我所要的幸福,在尘埃岁月里

失去是一种方式,得到是一种付出
灵魂要自由,身体被禁锢
自乘风而来,又乘风而去
若隐若现的日子,写在纸上更好

上海浦东

仙居

有没有神,有没有仙
扪问,爬山找神,涉水寻仙

不是说,心诚则灵
那我把自己的一半给山,一半给水

灵魂从我的身体内出鞘
飞向盘亘的山体,舞动安静的水面

山醉人,水迷人
相见俱欢,与神与仙撞个满怀

回望的刹那间
早已泪湿眼眶

浙江台州

风，吹过我的城市

如果生活里，有绝望中看到曙光
那一定是一座城市，需要寻找

一朵浪花掀得再高，必将顷刻覆底
一条鱼游得再快，裂缝淤泥等着
而我们，揉碎了这座城，只为焕然秩序

每个人都有一个春天，寂寥只是短暂
既然春风已经吹来，先为自己驱毒，扬弃
不要在意云朵会掉下，不要在乎炊烟会摇晃

被爱伤到了结成疤痕，宽容只会励志前行
每一个明天不确定，每一缕光亮成就我

　　　　　　上海五角场

心声

油菜花开了，可我只能怀想
知道是怒放，知道是盛开
从南至北，大片大片地开
可我被封控，是被遥远的法老牵住

往年，我在你醉满天下的黄
也在你香薰袭人的田野漫步
没人知道我与你的秘密，为我秋火蕴藏
为你，我想留在春天里，灌醉自己
为你，也不会枉然，流逝我的今天

请你原谅，即使我有一次次冲动的逃逸
月亮升起的时候，我还得安分守己
为了与太阳的约定，明年春天再见

上海杨浦

一朵浪花

微不足道，谁会关注
只有怜悯，抛向天空的瞬间
花有多美，停留人世怎么计算

不因为短暂，而不闪烁
暧昧的颜色，是五彩，而不纯白
落下，回归大海，会一次又一次重生

什么是短暂的卑微，什么是漫长的敬畏
生命只是过程，与长短有关吗
有一次耀眼，就有一次坠落

我的选择，你一定能懂

广东阳江闸坡

海水漫过我的脚背

想赊一束阳光,抚慰我的脚
叹息,海水直扑而来
覆盖脚背,还直逼膝盖

我知道自己渐老,光斑已够模糊
黄昏,海边的空气都氤氲
余晖的引诱,而不动声色

我没那么多忧伤,也没虚幻的美好
大地宽广,大海更浩渺
我不能否定,留出一个更宽阔的出口

让海水涌过我的脚背
最好倒回我的血肉
用一生爱你

广东湛江徐闻

此相遇

有多少缘，可以说成故事
演绎一场白与黑
让日子过得回味无穷

热爱过的人，把秋天的果实还给
想躲避的人，把冬天的经幡扬起
邂逅不是生根，恰是更远的漂泊

能让风慢些，能否让时间慢些
我有足够的时间在万物间停留
哪怕破一次身，解密你的到来

是的！人的一生不过极简
一屋，两人，三餐，四季
我又为何惆怅，且迷茫

江苏无锡

午睡

梦了一夜,天亮了,不知梦什么
后背是凉的,头脑是热的,且晕

风从远处来,捎来樟树味
或许夜晚的梦,落在醉鬼身上
所以,散发的腐味,蔫了自己的前半生

昏沉的日子,还眷恋流水
酒足饭饱,也是灿烂一生
炫耀可以,云朵是那么容易呼唤下来的

深陷夜的梦寐,给予我慰藉
好在有一个午睡可以补梦
心怀春风,可贱买一点幸福

广东湛江

伸手

伸出我的手，温暖你的心
清明之日，阳光褪去，没雨也没风
我，捂紧自己，扑灭了寂静

悲悯不是我被封控，接下纷扬的人生
以为自己是一颗朱砂，被点缀
没什么！怀疑自己，不如先摧毁自己
成就一棵树的茂盛，必先绽放枝芽
春天，才会给予雨露，阳光

我修行好自己，付出了自己
不说发光的箴言，不讲空洞的口号
绿色背心披身，默默做个志愿者

　　　　　　　　　　上海静安

我住长江尾

我比任何人,都爱这座城市
母亲河奔腾千里,汇入我居住的地方
捎来清晨的问候,也挥去余晖的美丽
透亮的日子,我一次次斟满酒杯
致敬春天的长江,带来千万朵浪花的虔诚

只是这个春天,我失眠在你的怀抱
撕开伤口的苦涩,苦到刺喉的心痛
即使注定,命运挂在荆棘上
我何须等待,还去抵挡
断臂是命,凌迟是命

春天再美的花,终将谢
恋人再甜的吻,也会别
原谅我的守候,春风不度的坚持
依然光芒的长江,即使一贫如洗
我深爱,从天而来的江水
留在我故乡

上海吴淞口

六月花未开

眼泪汪汪的五月，平静而过
只能宅家，念想远方的庄稼已收割
无边无际的黄，喜庆丰收的欢

一声叹息，允许我的袒露
想念故乡的纯粹，心口却一阵地痛
褐色的土地，我父母的脸

你说，一场浩劫，还是一种灾难
足不出户二个月。我会怎样的痛
寂寞，孤独，还是凋零

风吹过无痕。花谢了无味
而我心中，献给远方的花
是一戳就碎，还是一摇就掉

不说还好，一说就错
心里一直荡涤着一个字
悲

上海青浦

钢琴考级
——作者考出五级

从开始，我预感，身上会出现奇迹
背着阳光的一面，寻找自己的价值
我懂不自量力，也羞于向人们述说

衰老斑驳，早已刻在身上
只是心不服，入土之前的炫耀
眼里放着光，窗外依然恍惚着美

我是一具日益苍老的躯体
内心感恩美好祖国的厚重
身体内的矿场将重新挖掘

是啊，66岁的认命年纪
粗壮笨拙的手指，还妄想考五级
飞舞在88个黑白键上，寻找我生命的支点

不想消磨寂寞,不想身体败给长夜
我想凑足春天全部的勇气
我想倾泻秋天万丈白发

我行,赵明华

      上海杨浦

注:作者在他实足 66 岁时,通过钢琴考五级。

在浙里
——游历浙江的山水

我没在这里,而是在海里
一个曾经贫瘠与富饶并提的土地
高铁飞向几乎每个县市,网一样密布
花一样的村落,我已乐不思蜀
江南风光美,处处是画廊
神仙都会留步,多留意观望
我会写几首小诗,却写不出浙里的神韵
笔意墨韵,如遗世的珍珠散落
书香烟火,如书籍旧墨飘香
我愿把身体给予你,把心交给你
生命里酝酿的长歌,行远如水
我走在这藏不住财富的土地
奉献是晴朗,是幸运

浙江台州

一个老人静坐着

他说：一生都在奔波，劳作
为一张嘴的忙碌，看尘世
我说：人生就是一场修行
让生命平安，让灵魂无恙

终于能坐下，在公园的长椅上
尘世依旧，色彩更艳
而我们已没什么好想，老矣！
是的，少欲则心静，心静则事简

摇曳的人生，回首是一盏灯之恋
缓缓暗去，淹没我生的权力
多少次凡心恻隐，驮住自己的欲望
身体里的地图，还能折腾多少春秋

在春天里老去，在秋天里休矣
纵使美的诱惑，我看夕阳的灿烂

上海杨浦

归途
——看电影《妈妈》

人生近晚,由不得我信不信
遇见也是一种语言,却患上了孤独

无人知晓,我长久地陷入
也无法消逝的黑,被风裹挟

是偿还,还是赎罪,一路走来
已不重要。仿佛归来,仿佛离开

这病症,似笑似哭,似悲似喜
生死同握,你我同在,孤独相携

期盼的冷,思念的热,微光羞于己
身影隐落大海,摇晃泪流满面的我

上海五角场苏宁电影院

终点
——看电影《人生大事》

我要身体的干净，如心灵的纯洁
在见上帝的时候，还有点告慰

痛苦若能预知，我还有所准备
而时间的秘密，本由不得我

来过尘世已经是幸福，看到了鬼魅
离开尘世带不走烟火，见到了魍魉

都想丰衣足食，都想风调雨顺
还想长寿，还想不老，但终将离去

那就笑一笑，招招手，地狱也是人间
至少卸下了痛苦，还能安息

    上海五角场苏宁电影院

时空
——看电影《海的尽头是草原》

我爱过尘世,也被人间爱过
可身份可疑,向往南方
给予我生命的地方,如朝圣一般的难眠

草原给了我成长,也给了我思想
爱与被爱,荆棘着我
生命中的每一个符号,含成血红
我用了半辈子的战栗,成就自己的贤淑

爱上了你,命归了草原
被洗浴过的人生,是庄重的
被掠夺过的思想,是伟大的

致敬!我的南方
感恩!我的草原

上海五角场苏宁电影院

回家
——看电影《万里归途》

回家是温暖，是幸福
而有的人回家，是艰难，是血泪
生命也不一定换得到

何须多言，何须多言
欠一个承诺，仿佛世界的颠倒
美好的电影里，截半支烟的天空

个人再强大，也是细小微尘
明亮的灯盏，终究渐渐地隐匿
只有祖国，高光圣洁的背影

乌云驱之，流云易散
用泪水，用鲜血，用生命
铺就的回家之路，是中国

上海五角场苏宁电影院

人间
——看电影《我的非凡父母》

他们抚摸世界的门
打开心灵的窗
在哭泣中欢笑,在欢笑中坚强

感知的幸福,是声音
触摸的万物,是光影
你问世界沉浮
他问世界黑暗

谁说使者,我与你的眼睛
透彻生活,恰似你的真谛
人间尚美好,光明与黑暗
我除了眼睛,有的只是敬意

上海五角场苏宁电影院

2021 年写的诗

我在梵净山等你

轻风,细雨
回过头,只是短暂一瞥
什么都没有,仅被纯白蒙住眼
一个轻柔的声音
云听时刻

我在幻想看清远处
也在幻想等待破灭
可我从不放弃追随远方
梵净山,离天堂最近
听呼唤,不啻是自箴

值得舍身

贵州铜仁

鸟

冬季的河流啊
还如此缠缠绵绵
寺庙的香火啊
如此缥缈袅袅

不曾想河流的奔涌
不曾想着墨的夜色
我羞怯,我微笑
忽见一只,二只,三只……
在我的前面,后面,左右
是否在等我,一段尘缘

在灯火珊珊的夜空
你的起舞,你的欢歌
鹭鸶,一动不动的静谧
我不想目送你渐渐远去
却想微光亮起的时候
有我星空下轻轻地呼唤
你能听到就好

福建厦门

喜欢

或许因为寂寞
或许因为难忘
我喜欢看你的后背
把头发落下
像瀑布,像流云

不见你浅浅的微笑
却闻你淡淡的胭脂
你是我一面镜子
常言语:发乱了,心乱了

你不要发髻盘起
那样我会流泪
那样我不自信
因为,你是我的梦
留在心里一隅

贵州安顺

十四行：岔路口

我备了一瓶红酒
只等你来掀盖,有胆识的
也许你以前是,也许退缩

把酒撒向天空,孕成晚霞
看你,我醉成了泥
你说迷离,我说飘忽
特别说出那几个字
心魄动人,回味
直到最后,你说没醉
直到现在,我还清醒

转过身,却看不见脸
闻味道,才不慌不忙
隐在生命里的火焰
是否在个某刻,浮现,点燃

贵州荔波

有束光,进了我的心里

你总这样款步而来
选合适的时候,闻花瓣的芳香
而我毫无羞耻之心
吐出尘世的毒液

每个清晨,每个夜晚
双手合十祈祷内心的罪
洗涤了伤痛,祛除了污垢
溃烂的肉体,灵魂的肮脏

只有那束光抵达心脏
截取生命的半截
跪下,赎回迷途的红尘

贵州梵净山

我是你秋天的眼睛

总感到惭愧,胸怀不够广阔
无法引领你,到达所想的彼岸
不是不努力,也没想悲哀

原谅我,对尘世的独白
还不够坚定,就吹痛你
一阵风来,我触摸你的灵魂
候鸟飞去,我渴望你的到来
你要信我,时间会替我说话
你要信啊,路过所有的夜晚
只有我最眷恋晨曦
那渐渐远去的微光

因为,我才是你秋天的眼睛
牵住你的手,没有到不了的明天

广西柳州

光

我忍受的光,是明亮的
有没有颜色,由物理所显
红色、黄色、蓝色,是否有黑色光
那么白光又是什么

我喜欢光,因为有温暖
照耀我脸上,泛出一阵阵红晕
刺痛背上,撕裂一层皮
转而,直面我的腰部,说是疗伤

我躲闪自己的一无是处
我掩盖自己的不明不白
即使一生的躲闪,掩盖装饰
恐怖的光,一样无穷无尽

我的人生再绚丽多姿,我的人生再坠落无知
也是黑白转换,能有七彩的光吗

新疆乌鲁木齐

初心

如果有一颗水珠,能生长一棵树
你一定疑问
如果足够的水珠,能浇灌一片林
你深信不疑

人的一生,犹如漫长的坠落
只为一件事的忧虑
简单仅有冒险,实在只有奉献
虔诚只乞求内心的原谅

有过青春,正值暮年
俱焚也好,俱碎也罢
只为河水能流过,只为河岸有棵树
即使脆弱地屹立,也是生命的延续

新疆阿勒泰

行李

走吧！装满行囊的拉杆箱
是落叶，在阶梯上
是破碎，在阳光下

不敢问，也不敢说
去异乡的土地上躺着
去异乡的路口等候你
行李在哪？魂就在哪

即使累，爬不过山涉不过水
也有行李快递，托去你的远方
躯体不重要，太沉重，怕你接不住我的心
你不哭就好，我安心了

陕西西安

那里

那里
是谁的天空
我们的吗？

在黑夜里
我听着一首熟悉的歌
音域也让色彩欢悦
荒原也让生命多彩

虽然我成不了烛光
给你带来温暖
但在天空的那一边
我灵魂不曾迷失
无边无际的炫耀
是星光的璀璨，还是星光的拥抱
都指引我们回家的路

浙江杭州

雨落下来

雨落下的时刻
我想冲上去,在无垠的大地
接住雨,渴望地仰望
因为,这是上苍的祝福

千百年传说,是甘露
万民跪下乞求,连观音也合眼滴珠
杀牛祈祷,风调雨顺

将信将疑。我,一个人生轨迹
看,雨水落进地缝
溅起的朵朵莲花
似霓虹润泽人们,还是祸害

雨水顺着我的头,我的脸,肩……
滑落我整个身躯,越发越不清楚
不敢轻蔑,不敢惊呼
有的只是接住,有的只是祝福

江苏泰兴

感觉

一场疫情灾难,仿佛
天是灰濛的
路是暗淡的
雨是阴冷的
可我分明看见,灰暗中走来
一个是绿色,一个是火红
车跑得更快,人走得更远

贵州兴义

我在海边等你

望着一条蜿蜒的
沿太平洋东岸
你说：浮在海面的玉带
我说：系在脖子的丝带
日日月月 每时每刻
你在山坡上等我
我在大海边盼你
你从雨中奔来
我从风中跑去
所谓在天愿做比翼鸟
所谓在地愿为连理枝

我怨雨来得太疾
我恨风来得太猛
惊飞了鸟，摇落了枝叶
我坚信！你在海边，我在山坡
等的就是你

福建泉州

阳光下的长椅

只有现在,我才安逸心静
长久地坐在椅子上
阳光一闪一闪,透过枝叶射下

遗忘和被遗忘的捷径
看树叶,颜色的变化
低垂湖面的柳枝
寿终正寝,会在哪儿
丛林葱茏,沉默归去
就一张长椅,如遇见一个人
生亦如此,死亦蛊惑

当飞鸟掠过,当你也来过
而白云飘来时,我诗意正浓
尘世拴住手指,字也写不了
我坐在长椅上,捧一本书,点一支烟
离开时,不再回望

上海浦东

午后

来一杯下午茶,快递在路上
不急,在山坡的石凳上,躺会
恰巧阳光洒满小树林,掩映半个身

光阴多美,想要全部
我用一头的白发,颤巍的身躯
凑上一个又一个四季轮回

因为我贪得无厌
光阴被树林分取,被湖泊分取
鸟儿甲虫也来分取

留给我心,除了遐想
只有寂寞和思考

上海浦东

春天里

一说起春风,我就疼
那风吹来,直往腰部位里钻
毫无怜悯之心,管你护身符
我算是认了,不悔栽个跟头

如果让风停止,花瓣就会落下
如果让风哭泣,倒影依然美丽

我怕被春风,蛊惑了心
湖面的影子,是春风飘荡的杰作
背风的向阳,让影子四处逃散

我能在春天里活着,是造化
相对于静止,不如腰椎校正
风里立正,管不了春寒倒逼
我要的灵魂,没跑出肉体

江苏南京

之前

总说忘却过去,却偏偏铭记在心
在我老去的时候
天空多了忧伤的蓝,湖面更多是静静的波
树枝一年年修剪,草坪一季季修缮
而摇曳的心,在绝望中平复
为了获得,我献出不仅仅是青春
为了实现,我付出不仅仅是岁月
有多少答案,会让我哽咽与欣慰
爱过又如何,留存体内的是精华
除了诞生孤独的悲悯
就是腐朽肉体的欢愉
人生的潦草,不过一晃而过
之前的,最好不问,不谈
可浮现眼前,又将如何是好

          江苏镇江

翔

花瓣也能飞翔，且有生命
越飞越远，但只是瞬间

你在枝上不是很好
映红了天，染尽了地
红彤如云，蔚蓝似海
所有的汇聚，绚丽夺目

这不是你吧，顺势飘落
隐入黑夜，埋葬沟壑
知道你，不想点缀春天
聆听鸟鸣，随风而去

或许飞扬尘土，或许颤抖无际
你，选择另一种飞翔
不是遗忘，而是成泥

上海崇明

俯卧撑

我真的一贫如洗吗？只剩下
精瘦的身子骨，一下，二下……
每天二组 60 个俯卧撑，还慢跑

我不再年轻，都已花甲之列
可不想白发多，皱纹更深
放我潜逃，还原完整的自己

我有月光，也有桃花
不想在书房低吟，不想桃花前顾盼
身体里的血痕，不负为匪一劫

虽然撑不起天，但也得摁住地
注定我拥抱你之前
我站立着，不只是一声叹息

上海杨浦

宅

一个女人,在巷子里慢慢走过
一个老头,在空地上舞弄太极
两人,戴着口罩

我没出门,听你的轻语
窗棂边,仰望天空的色彩
想让光阴停泊我的愿望

在风里,在雨里,也在心里
手伸向窗外,还是天空吗
用颤抖厉害的手,给你斟酒

我想远方,不仅有泪水在流动
还有被击穿的血液在戾啸
我的天空,只是窗口,两个白色口罩的人

上海杨浦

你好,阳光

半辈子过去了,我今去哪
时间能证明什么,衰老又证明什么?
在风中摇晃,在雨里哭泣
我总对自己说,我还是个小伙

如果是苦涩的,身躯还留有一点甜味
如果有爱恋的,男人是否还怀疑阳起

我想把风带到我的后背
我想把雨水吞进我的肚里
风,一日行千里。雨,顺流而下
一辈子太长,思念就短些为好

有阳光的日子,真的很好
与你有关的问题,一直在心里

上海外滩

摇晃

想起你，我莫名泪如雨下
那时年轻，热血沸腾
不顾生死，勇往直前
那山那水，摇晃我的青春

初夏来得早，秋末去得快
风从山里来，吹进我城市
因为孤独而疼，因为想念而忧
折断我的羽翼，消磨我的意志

也去，也要去

浙江景宁

致你

如果有未来,我想把自己的头发扎成一朵花
在你转身的瞬间,我蓄了一个春天的雨水
全部倾覆,浸入泥土
我有足够的时间,等待和消除你的疑虑
被神洗浴过的人生,重新认识

我曾被你偷窥过,被你掠夺过
在你的天空,云朵缓缓飘去
而我只有点灯,在风高月黑时
风吹过我狭窄的胸间
还有阳光吻过,还有月光拂过

等待,是否是一场卑微
企图重塑自己的渴望,有多难
不过,春夏秋冬都有我的潜伏
花儿一样的发辫,隐匿人间
因为爱,你一定还能辨认出我

浙江舟山

喜欢黄昏

说到夕阳
我就想到绚烂,光艳
更多想的是爱情,谁说近黄昏

多么可笑,我曾痴情追随
把人间一切苦都驮走
就为兑现承诺的承诺
露水是否有光芒,阳光下是否会战栗
咬住尘世间的冷暖,与破碎

唉!婚外情,精神出轨
灵魂的岔道,还能相伴相随
听过迪克牛仔的歌,是悲催的
上唇下唇,能测出爱的温度

即使如此,我还是喜欢黄昏
因为错过阳光,至少还有月光

江西南昌

门

美好的事物,总是出门。看人世间
风吹过我的城市,雨淋过我的城市
春天来得那么迟缓,按捺不住我的向往
杜鹃,樱花,白玉兰、桃花,次第怒放
仿佛把我陷进一年一年的荡漾

这个春天有些木讷,并折断我的旅行
眺望窗外月色,窗棂妩媚低吟
莫名地想远方,是否记恨春天的失约
说不出滋味,是被蛊惑还是赞美
我只想把背影留给,这个难以名状的春天

世界上,我也在。人世间一定很美好
春天会带着我去远方祈祷,我不说疼
初夏,不会短暂,也不会寂寞
千千万万人,迎接火热灼人的夏天
挥动我的手,舞起我的袖

我不失言,出门远行,与你相约

江西九江

正午

避开树荫的凉爽，行走太阳正下方
摒弃冷风侵袭，能够抵御病毒

一切都那么简单，只需勇敢是吗
能否坐在一片树叶上，畅想未来
能否漂泊在湖面上，猜测彼岸
中毒深浅，不需隐藏，不需颜色

如同此刻，风会缓缓吹来
恰是此刻，影会摇晃而来
敬一杯薄酒，照一束光亮
热又怎么？背光而坐，想与你的秘密

光影与斑驳都是一种美，染上一个人的体味
不也是爱之切肤，想睡过的人

　　　　江西赣州古城墙

耳语

不敢喧哗,会引来责备,鄙视
如同狂风,吹垮我不朽的墓碑
如同暴雨,冲塌我坚固的墓基

有那么污浊,可以咒语
有那么助纣,可以为虐
我一声啼哭来到这世上
只是替你忏悔,只是帮你救赎
一生的放逐,一生的修行

你一次恻隐,我一次凡心
生活有四季,日月有星辰
给生命一次宽容,给心灵一次滋润

好吗!

上海苏宁电影院

晨起

一朵花开,是一场预谋的开始
山野盛开,等着你的到来
有美好的幸福,怨恨与花牵连

呓语,在熟睡中缠绕
像文字,抄来搬去就几句
在厌倦的黄昏,一次次吟咏

睡不着,就起身披衣上山去
知道无疾而终,又钟情于此
仍念想,那香气,那艳丽

只能说,深藏不露

浙江月上村

献诗
——给 Z

你在漆黑的午夜
呻吟地呼唤谁

我在黎明的灿烂
轻轻地吻别谁

朗朗的天空
你携白云而来

淅沥的雨夜
我为你而歌唱

我们的身体曾都有一团火
在燃烧,在渴望

只是天堂,有我一首诗
你是否听见了吗

上海长宁

那片花海

白天将越来越短,哦!我的九月
也好,夜的漫长,梦做得丰富
收起你的孤独,日子就甜蜜

我是个没出息的男人,除了抽烟喝酒
游走风月场,就剩下可怜的呵斥
生死都捏不住手心,尊严还能维护么
花海确实美,短暂的鲜活,艳丽
枯萎,黯然离去,终无法挽回
哀怨,只是欣赏的后缀

在千万朵花里找回自己,或许是奢侈
但至少这样的虔诚,也是成全
是人生,原路返回的美好

江西弋阳

我没告诉你

不是我没告诉你
是我心中的草原，辽阔的季节
在慢慢褪去，慢慢变小

我被禁锢的心，也在弥漫
知道青春不再，老矣降临
我依旧想与你相遇，拥抱

不是我没告诉你
是我腐朽的压抑，无法昂扬
只想冲动，吻别你

江西上饶

不骗你

厌倦黄昏,是否依恋晨曦
那么多的事情,都与饭局有关
一个圈热闹,一个圈折腾,终将无疾而终

绕来绕去,一生的纠缠
你从哪来,又向何去
飘飘忽忽,回到原点

我的钢琴,虽封尘,但依旧在
音乐,一场寂寞的等待
初心仍然,那么纯真,及美好

一个人住,一个人食
繁而简,断舍离
反正,音乐不会欺骗

我想——

上海杨浦

夏天,我要把雨水储存起来

雨水,下得我心烦意乱
雨水,淋得我浑身湿透

我要把雨水收集起来
放在湖里储存着
放在心里储存着
虽然不是秘密,但也少不了多少

我要把雨水收集来
送给干渴的人们,及牛羊及草原
也可以分一点云,给风,给花
当然,给自己留一份,带去远方

春秋航 9C6391 航班

无题

别再用《圣经》吓唬我
——嘘，请不要再说了

樱花瓣在飘落
悄无声息
樟树叶在换装
落满一地

有盛开的花，有凋零的叶
它们都不必回答风
也不在乎四周的一片喧嚣

道理很简单
太阳升起又落下
大地歌颂英雄时
也会赞叹着悲伤

上海北外滩

给予

我不知道,灵魂的远方
是否有一只迁徙的鸟
静默地等待起飞

我不清楚,远方的召唤
落地生根的种子
有绿叶,有花香

没睡的女人,真会吹熄灯火
一场死去活来的爱情
咳嗽一声,脆弱送进了坟墓

病得不轻,已及肌肤
信誓旦旦,除了生命
整个世界,隐匿的,窥见的

美好是写给上帝,还是送给地狱
而深信不疑,更多留给自己
真的

上海北外滩

十四行：有时

有时，我在这个世界转悠
灵魂，早已献给了远方
连回家的门牌号都丢了

跌跌撞撞地过了一生
回看也就是些鸡毛蒜皮，所谓事业
兴风作浪，以为努力过就自慰
其实，也就是一地鸡毛，还要炫耀

爱情与背叛，自始至终在纠缠
一辈子的伤痕，卸下是不悔的岁月
选好墓地，写好墓志铭
难道这是不清不白的落寞

有时，含笑中的泪水最甜蜜
因为每一朵有水的花儿
注定来时归去，是命里的忧愁

上海北外滩

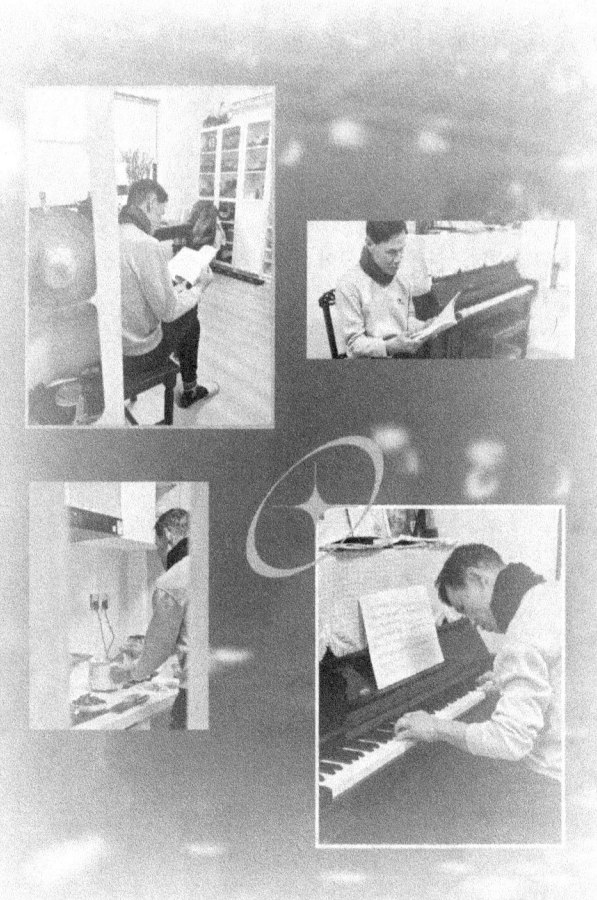

2020 年写的诗

2020

五月,一个怎么烫伤我的月份
我不敢怠慢,心中充满期望

一次次被撕裂,一次次又愈合
疫情,万恶之魔,千刀万剐
失去多的,回报一定更快
追溯根源或秘密
就省去忽略,别自怨自艾
互碎之音,即玉器之圆

我不敢提心吊胆,更不愿彷徨左右
立在之巅,看人间烟火

上海杨浦

我去明月山

我是一个吵吵闹闹的人
去明月山,给自己燃一炷香

寡淡的山峦,因为披上了青衣
色彩变得十月花香,笼罩大地

有阳光,荆棘与岩石
还能聆听,水滴石穿

云朵之下,有我的身影
和人的宿命,看透放下

我不求什么,只想时间的安静
因为有一束光,就叫明月

江西宜春

吟

我微闭双眼,吟什么
在田耕,在丛林,在海边
不经意听见,蛙声,水声,轻吟声
是忘情的,是幻想的
在吟诵,是无言地泪流满面

有青山白云、有海浪涛声,有林中摇叶
在虚无呢喃细语,在望眼欲穿述说
我去哪里寻你,不会舍弃念想
有你风的陪伴,有你吟的歌唱
我还有什么可祈求呢?

江西宜春

写给春天

如此欢快的日子,本该是美好
想是仪式过于丰盛的年夜饭
想是传统迎接财神的正月初五

可是,又那么突然而直接
是一场预谋,久备而来
是一场屠戮,不容尊严
噢!带血的冬日,是这样迎候春天

我遥想远方的山丘,草原,海洋
我渴望回到的故乡,花蕾,绿叶
也想拥抱你,春天里的父亲与母亲
和凝望午夜睡梦中妻儿的脸庞

时间消逝的过程,是如此之快
上苍!允许我犯一次错
看不见你的美好,听不见你的声音
但仍在春天的门槛,等你,等你

江西宜春

有些事

不,有些事,我还是问清楚
即使中途离场,即使城墙倒塌
水落石出,总比一言不发好

口渴的时候,总想绑架爱情
跌落的时候,总想边缘有岸
多少个日子,沉迷薄酒,想醉一回
多少个风雨,撩拨眼睛,想死一回

好端端的天空,你担心云朵会掉下来
明晃晃的月亮,我害怕灵魂会被盗窃
所以,不为什么
知道原委,我转身即走

江西九江

我们的山

这样的早晨
雨雾，伴着早餐
我却短衫短裤上山
微风扑面，风蓄满发

我忘却了自己
灿烂午夜的记忆
就为你而来
一片云雾笼罩
一片翠绿高山
一片安静土地

你我有千年之约
是我心海的忆及
是我生命的弧度

但愿与你共眠
此生无怨无悔

山东泰山

十四行：风，吹过小镇

我突然想你，油菜花簇拥的小镇
在寒风里摇晃，坠落
来的那天，天气阴沉

投入你的怀抱，不会是冲动
消失后的昨天，自酿的深渊
苦味终会转化成甜蜜
深渊更会竭力自拔

我觉得，生活有别于你
我觉得，灰烬也有重塑
雨打落梦魇，让爱已蒙灰
雨打碎窗棂，让爱成相思

风，吹过了小镇，风情万种
风，吹着油菜花，妩媚多姿
而我，被生活蹂躏，满脸是皱纹

安徽亳州永兴镇

伤害自己

我不想伤害自己
因为我热爱自己

熬过了冬天，够漫长的
却活到了秋天，算我的账
多想躲进记忆里
让男女之欢延续至黎明
在你的心里留有更多余味

害怕日光，暴虐我
害怕黑暗，诅咒我
可我还是听到落叶的声音
是刺耳的，是痛楚的
因为你，我记住了
吻是有毒的

河南焦作

去水的那边

我正在沉默。水,却一泻千里
浩浩荡荡地涌来
嗯,我的家园,淹了
悲伤,经不起一场雨水的侵蚀

从前,我以为水是柔情的
缓缓流去的水,储存在地壳里
看似消逝,只是短暂的谎言
如同爱情,谁信是永恒

水从哪里来,我看风的源头
水向何处去,我想万物轮回
我不在乎水的狂暴肆虐
也不在乎水的稍纵即逝
只想知道,水的那边是什么

江苏泰州

我看见黄花在青草中摇曳

抚过我脚背,是青色的草原
鞋子上的花纹已经暗淡
掩盖了脚背,也就揭开母亲的胸怀

风吹过我手捧的书,一页页飞起
自言自语的我,呼唤妈妈
我看见的黄花,一朵朵盛开
抬起我的头,那是遍野的黄

母亲早已去了天堂
在下一个春天等候
在下一场雨天归来
而我,俯拾皆是,采一朵黄花在心里

      辽宁鞍山

回来

你就在我身旁,咫尺之间
却那么遥远
你我的传说呵,唇齿相依
却留传太久

你我不过是海的两边
天堑还未通途
如今我要飞越
兄弟姐妹一家亲

我哭不出,我笑不出
不因为你是我的乡愁
我是你的大山,给予你的依靠
我是你的大树,你是我的绿叶

那天我不再乡愁
你熟悉回家的路

上海杨浦

痛得难以承受

痛到苦时,我想到了死
是否老了,静止才是欢乐的

我一生只做好事,你还惩罚时日
真怀疑太阳的温度,月亮的明艳

如果生命可以增减,疼痛又在何时
我真羞于启齿,上苍晚些收容

世界多美好,我想取悦
给点时间,直到掏出我的心

海南三亚

哭泣

我在黑暗中，哭泣
是想引你进我的屋子
因为你走得太快，走得太远
以致我来不及，把你放在床上

你到哪，我想知道
是樱花盛开，还是柳叶絮飞
魅惑是会令人联想
更会在泪水中哀伤

风中飘过的你，午夜闪现的你
其实，知道与不知道，又如何
我闪闪发光的眼泪中
有你的身影，在遥远的地方，看我就够了

         海南海口

此时此刻

不抽烟的我,竟然想烟雾
一支一支点燃,一支一支烧尽
烟雾中,有没有你的味道
和多年前,留给你的故事

这样,我会安慰些,舒畅些
多想给你一个吻,有股咸味
你是知道的,说不出口
正是用泪水绘成的那幅画

我知道自己曾经的愚蠢,让你痛恨
放下的一切,真去了远方
才明白,想念是一种痛,无法言语
与日俱增的思念,原来是如此

海南海口

我给大海寄一封信

没有人知道,我静坐在海边有多久
也无需有人知道,我在想什么

生命中的风有多高,神也就有多灵
海在我心中的宽广,是驱散不了的魂
就连凡俗的琐碎事,都揽进海的怀抱
过去的岁月,我不懂敬畏,不懂谦卑
是大海的辽阔,深远的接纳
使我从容,使我安然,使我超越
其实,我一文不值,只是屈服韧性

此刻,我给大海写封信
一团即将渐渐熄灭的火焰
在狂风,在暴雨,在海啸
掀起一阵阵浪潮
渴望在海浪的峰谷

我们牵手放飞吧
一次难以忘怀的旅行

一生无法抹去的记忆
也许就为不经意承诺
乘风破浪地去看海
披荆斩棘地去湿身

    海南三亚

蓝

一声惊叹,她还在
美得惊悚,也不得不心生敬意
记忆是毁灭,还是融合
说得再多也是徒劳
银杏叶落满街头
却哆哆嗦嗦地飘散
葬礼前奏的辉煌
能做的,连同名字带进坟墓

一日,遇见了她
自然的无需客套
青春的画面是面旗帜
站立城市的地铁口

    KN5228 联合航空航班

熟悉的陌生人

躲在门的背后，看人间一片璀璨
那个才是我，目光所及的天地
即使狭窄的无法生存，总给一丝喘气缝隙

我想放飞，我想倾诉
给我一面墙，也应雁过留痕
给我一片湖，划过会有波纹

卸下伪装，还是闭合之门
我想过，我忧过，甚至哭至午夜
意识自己死亡的一日

不是黑暗吞噬黎明，就是太阳覆盖夜色
余生真很短，夕阳无限好
可我仍至爱，那午夜的一抹光亮

上海外滩

唤

谁叫我这么勤快,饭都忘了吃
心里想的,嘴上不说
手,不由自主地写,自己的诗

有谁会在意,又有谁会欣赏
我真没想过,用诗投机取巧
骗骗尚在情缘萌发的女人

写诗,我人生最后的晚宴
一次又一次动了我的心
不仅年事已高,而是驮不住夕阳

写诗,是我对已逝母亲的追忆
对我无数情人,及女儿的畅想
更是对春天的呼唤,和留恋

上海杨浦

风

初春的上海，风拂来
刮痛我的脸，针一般的疼

想起冬天的寒风
吹裂面颊，头发遮也遮不住
想躲，躲在你的怀里
想跑，跑在风的前面

万物都和我一样
隐忍着风，长驱直入
损伤的心，弥漫四周
除了敬畏，还能怎样

上海浦东

一月之末

举起一只酒杯,酒呢
是血染的空杯,晃动
装满被我撕碎的诗句

临窗仰望,雨夜潇潇
侧耳细听,潜入人心
我不是真正的诗人,淌不下悲愤的眼泪

我要呐喊,是在一月的下旬
与摔碎的酒杯,一同共眠

北京朝阳

公园

我想把生活过成诗,真的
清晨时分,公园关门
采一把蒲公英,公园满地都是
清洗身体的垢。熬汤,实用,无价

快两个月了,公园清冷
向所有人关闭。那树,那花,还有那草
茂盛的疯长,无人欣赏也是罪
在栏栅外。猫呵,狗呵,还有黄鼬
是一场盛宴,在夜幕降临下狂欢

风吹不动一汪湖水,沉默如蛊
有影子的微光,一定有我为春天写的诗
特殊时,再不能泪流满面
风过时,昨日也不曾来到
因为,我想把生活写成诗

     上海黄兴公园

不说幸福

说到幸福,不敢苟同
要么提心吊胆的违心
要么振振有辞的嗫嚅

何必呢?摁住呼吸
让云朵飘过,让雨水落下
我是看得见麦田和丰收的人
哪怕一块暗淡的色斑
哪怕一次悠闲的相聚
不用说不用讲,举个手就是
田野的丰盈,餐桌的丰盛

我不说幸福,也是祝你幸福
灼灼的阳光下
所有的相见,只是一个虚影

青海西宁

远方

远方,究竟是什么?
需要如此向往,生命都无所谓
高山流水,纵横田野
义无反顾,不回头地奔去

到了吗?永无目的,永无止境
一样的天空,一样的土地
有的是心里,那幅永无完结的画
是欢笑,是满足,还是安息的祈祷

其实,带着眼泪的远方
有盼头,有无穷励志的力量
更是,负重躯体的前行
那执着,面对墓志铭的微笑

青海西宁

唱庐山

我在庐山慢慢走
我在庐山疾步行
有些道不同，有些不相谋

俯身黄溶洞，呷一口泉水
悬崖三叠泉，一身汗水爬
远望天山池，登上望江楼
枫叶未红，梧桐泛黄
不知道什么样的颜色
在多事的秋日，风云悄悄着色
选择自己喜欢的道路
愿遇到最好的季节

我不想唱歌，也不想舞蹈
只想在一个午夜，漆黑一片
在鲜花盛开的山坡，有一片叶
是我对春天的祈祷

江西九江庐山

炫

我也想炫,庐山的美
我也想酷,庐山的狂

美,有它的道理
狂,有它的人文

庐山的炫,特立独行
庐山的酷,延续闪亮

我除了模糊庐山的风光
我除了沸腾庐山的别墅

两者之间,你我选择
我不看风光,只阅读别墅

      江西九江庐山

删掉

不是我不喜欢,不是我不爱
删掉关于你所有的记忆

每一个六点半的黄昏
斑斓的花瓣,彩色的蝴蝶
我追着,奔向你来的方向
双手之间望着,安静心绪想着
闻空气的新鲜,听云雀的歌唱

奔向你,抱紧我
一路风雨,必是彩虹
月色,染红你我的脸庞
星星,闪动你我的心扉

删掉,不等于忘却
是潜入我的梦寐,蓦然醒来
谛听,下一个归期的黎明

贵州安远

我与你的距离

与你相遇,我露出放光的眼睛
是怀疑,是提防,还是我有其他的想法

草原那么遥远,大地那么辽阔,还有大海
你我不过咫尺,无法测量的神秘,匆匆而过

远方有幸福,我不敢触摸
我也灿烂,能触摸只是被封控的痛苦

你无所事事,我无所事事,大家都一样
日出日落,只有爱情有甜味
我们面面相觑也不行

整个城市,都上演假面舞会,人人是演员
是病毒惹的祸,群魔乱舞。且化妆,且幕后

月色染红着衣裳,微笑蕴含着泪花
多想扯掉我的面具,与你有个吻的距离

江西大余

无关

睡吧!那么沉
整个世界与我无关

我希望这样
不知前行的艰辛
不惧向上的荆棘

清空所有,抛开一切
无期而来,灵魂依附了躯体

　　　　　　　浙江金华

抹

晨曦，有一抹冉冉升起的光
是你我渴望的温暖
夕阳，有一抹尽染天边的光
给你我念想的星空

我的人生，是一段一段折腾
付出太多的激情，却并未得到我和未来
是一抹暗淡，还是鲜亮的光
有时卑微，渴望接纳我的眼泪
有时傲慢，加速进入尘世的序列

晨曦的光是红色，夕阳的光是红色
而红色，我以为是一种敬仰的神
虽然，人的生命不长，人生也短
至少还有折腾，一束微光在闪烁

浙江金华

月亮

月亮
冷冷地挂在窗棂
似乎微笑,似乎歉意
明晃晃掠过我的眼帘

我们
昂扬地跨过 2020
有过泪水,有过期盼
明亮亮展望 2021

上海杨浦

2019 年写的诗

八年

八年，只是一晃动吗
那一个倒影又需要多长

万物蓬勃，一个孩子的成长
万河奔流，天空都在摇晃

你离我那么近，我离你那么远
掏出的纯粹，只是咫尺之间

风吹来，雨飘来
一片叶子的落下，即归宿

岁月无痕，遇见是一个人的幸福
不戳不破，沉默陷进了冬天

福建漳州

假如我们还能相聚

我不想假如
只想再次飞临你
我没有假如
祈愿相见是我家

那不堪一生的往事
那长达一世的诉说
60 年的漫长岁月
我等了太久太久
阿里山的菜,花莲的玉
日月潭的水,垦丁的红珊瑚

浓郁的乡情,缠绵的泣诉
短短的相聚,漫漫的欢吟
既然我的生命中有假如
允许我一次真诚的期盼
手的相握,额的相触
是我心与泪的祝福

福建漳州

等得你太久

天这么蓝
云那么白
净空纯洁，我向往你

心这么甜
情那么暖
此刻含笑，我亲吻你

你离开我这么久
我惦记你也太久

我带着情感，我挂着思念
只想带走你全部的阳光
只想把你拥入我的怀抱

你有，一定有我

江西九江庐山

出岗

你说：站岗去了
我便陷入，长久的沉思
一言不发，晚风袭来

你的位置，决定我的方向
你的心跳，温润我的午夜
月色当空，我的蜜语你知道

不曾爱过，不知夜的长与短
不曾伤过，不知月的圆与缺
目送出岗，在月下，在心里

江西九江

何须幻想

没想到,我们的相遇
是上天赐予,是缘已定
又为何背道而驰

我想从你的身体里逃出
我想从你的身体里出窍
不曾幻想你会拥抱我
不曾幻想你会带走我

我热爱生命,给一次救赎
我热爱明天,给一次机会
可你的承诺,却那么苍白无力

江西庐山

十四行：秋之醉

我知道，你在我眼前
故弄的力量，醉了天，染了地
可我也信，除了你照亮我的世界
还有闭上眼睛，听风中的秋天

我知道，下一个路口遇见你
可我依然选择秋天的相遇
色彩更妖娆，画面更沉醉
甚至听清落叶的时刻

思，许多细枝末节，许多来来往往
我都想忽略，直截了当
告诉你，把一个秋天还给我
我想层林尽染过后
内心最美的画卷
就留在那个冬天

江西九江庐山

雨中狂想

总想克制自己
总想正人君子
肉体却在飘荡四散

又要怕流言蜚语
又要想物欲横流
灵魂有那么干净
你看见了,你听见了
不过是肉与肉的激战,虚有之物?

我不想万物都被蛊惑
我想贞节牌坊总会倒塌
既然有静止,一定有涌动
既然有抗拒,就会有征服
就让雨水浸透全身
就让欲念填满心灵

你将会彻底明白
心,是会湿
而且也是暖的

浙江吉安

十四行：一个高高的人走过小镇

遇见你的时候，月亮高悬
我只想躲过月光的追逐
与万物沉睡，消失得无影无踪

我往前走，在街的拐角
想喝一杯咖啡，品黑暗的苦涩
看你抽烟的样子，观黑夜的火苗
苦涩让人清醒，火苗让人理性

多么凌乱，都是虚幻
多么惆怅，都是悲怆
我们在月光下想看清彼此的脸
又在月光下生怕灼伤我们的眼

都说小镇多风情，但我抓不住
我高个的模样，像薄雾流淌
只有你的名字，离梦如此近

　　　　　安徽亳州永兴镇

咳出血的春天

这个初春,人去哪儿了
仰望天空,极目大地
不敢咳出声,一个带血的初春

谁敢从容走来
谁能坦然离去
许多深夜,匍匐而行
许多白天,举起灯盏
陷入巨大的沉默,无法动弹

忍住悲悯,也忍住喜悦
即使雨后,活着即慈悲
不要看见天空的倒影
就怀疑曾遇见的短暂

咳,忍过一个春天
劫难一场,你我无损

安徽阜阳

出乎意料的白

每个人的春天,都想美
我也是,遮遮掩掩的花甲
层林尽染,夜一样的黑,光一样的亮

风吹的时候,我明白春天的妩媚
挥手的时候,我证明男人的伟岸
可掉落的过程,是果实的归宿

红尘几十载,不疼不痒一闪而过
沉溺当年的模样,忍不住一声叹息
一刀剃下去,看风花雪月
其实,也很美

安徽淮南

野花

我所能看见的绿
是遍地的草丛,即使寒冬
当我没有希望时
采一束在手,迎接春天的阳光

我们能看见的绿
是生命的倔强,即使踩死
清理好我的骨头
能支撑我的,依然是燃烧的火炬

我把所有的绿,铺满我的床
肉体可以埋入泥土,也可沉入海底
但我灵魂的依附
与太阳一起一落,而永恒

　　　　　　　　　　安徽铜陵

活着

如果一个人死亡
还能看到颜色是五彩
那我愿活着的时候,眼前是黑色

没有开始的人生,就已经知道结束
就像摇摆的树叶,早晚要落下
不如争个名,抢个占位的墓志铭

闭上眼睛能看到五彩,那是幸福
睁亮双眼能感悟黑色,那是超脱
天在哪,地又在哪儿

江苏南京

色

我看到自己清澈的骨骼
在清明如镜的水底
似乎高贵，灵魂也依附
被看透欲望的火熖，在蓬勃
只剩下春天五彩的艳色
曾想衣衫滑落的黑暗
颤抖的身体，填满黎明的渴望

我悄无声息地来到这个世界
除了燃尽生命，不至于痛苦遗憾
还有什么，让绚烂的春天收留
又将在悄无声息的花落时离开
就一副健硕的骨架，留在世上
是摇晃的人间，还是重塑的隽永
其实映在湖里，更好！有光

江苏镇江

一个人的七月

到了七月,雨在下
似乎把一年的雨量,泻下
我怕大地承受不住,天天祈祷

不想沉湎往事,雨水发威
是我欠债太多,还是慈悲不够
任我声嘶竭力,梦还是被水冲走

想一场爱情,也有泪水
斑驳的生活,想去更远
有雨水的陪伴,葱茏向上

坐在高铁里,窗外的大地浸泡雨中
整个世界摇摇晃晃,雨,何时停下
崩塌我心中最后一堵城墙
还能扶起吗
沪杭铁路上

上海杨浦

留下

背着时光,人一点点老去
沉默在细节中,慢慢爬行
像是悲哀,像是美好
用炊烟留在苍穹
用足印写在大地

人生究竟是什么
是辉煌的宣告,还是飞跃的降落
我想,人生只是一次漫长的告别
只是用不同颜色书写
让墓志铭映在天地间

       上海浦东

月夜

静听青蛙的歌唱
静听蚊子的咏叹
静听孙儿的呼唤
香甜么

噢!
如果有雷电
劈倒也无悔
如果有地缝
躲藏又何妨

多想品茗
品到无地自容的滋味

浙江衢州

我与你

你吻我时
父爱之情油然而生
掩饰泪花闪动

虽说还不习惯依偎
臂膀的港湾
温馨的潮红
已悄悄抚摸伟岸的肌肤

我亲你时
甜甜灿烂的微笑
分明荡漾心窝
虽说心结尚未解开

家乡的田野
深情地拥抱
已悄悄降临你我的心头

上海闵行

怀抱

把你揽在怀里
放在我的庭院
朝南的,阳光灿烂

曾经的分离
只是风筝的放飞
时空的轮回

你终将归来

浙江兰溪

停下

我喜欢穿红色，一身透红
在早春二月的天空下

每次让更多人回眸
无声无息，一声惊叹

希望，红色是火焰
一炬天下，泛光震撼

心生敬意，美得惊艳
驱魔斩妖，我也能做

浙江上虞

困

你有志向,目标远大
从泥泞里走来,又走向远方
起身的时候,与我挥手,没有微笑
内敛地说句,各自过活

疫情降临,爱情成了牵挂
再虚无的网络,只在屏幕一寸间
受困确是一种概念,此时铭心
想从泥泞中再见,却是那么煎熬与漫长

站起来吧,我想看你的背影
有否刺中我的剑,还留有温度
回过身,再看我一眼
扯断莫须有的网,你我会相见

浙江绍兴

我那张老皱纹的脸

我没待过乡下
出生在喧嚣的城市
按理有细皮粉嫩的脸
可我依然是一张老皱纹的脸

我绝望——
是什么,多了沧桑的味道
这个夏天,多雨多风,偶露些阳光
我在思索,想你的感觉

我眺望——
远方,有没有我褪去的烦恼
闭口不提,不等于不想
还我一个青春,我要歌唱

浙江杭州东站

在雨中

在雨中
我想抹去你的面纱
知道你羞涩,移开半个琵琶
雨,是那么的灼心
连声音都是一场欢喜

我没伞
痴情是我的名片
只为靠近你,什么都愿意
在这个城市湿身,在这个城市呼喊
就是想你看见,就是想你听见

都说:为情所爱
我说:为爱而殇

浙江杭州西湖

我需要

内心告诉我
在回忆中生活是累
有别人的影子牵绊

所以,渴望遇见
我想有一场暴虐的风
和寂寞一片山谷的静

当然,告别厌倦的城市
虽不枯萎且有泪痕
我还是挥别

浙江杭州西湖苏堤

看远方

我看见的远方
是模糊的,是低沉的

模糊,是看不透真面目
低沉,是听不清说什么

我来了又去,去了又来
时时放不下那份牵挂

远方,有我的影子
远方,是我的驿站

浙江嘉兴

有一只鸟飞来飞去

漫不经心地,飞前飞后
左走右踱的,湖边草地
不关心天气,不在乎春夏秋冬
不惧天高,不畏水溪

鸟不再羞人,在黎明时辰,在晚霞时辰
从云中落下,从树影飞过
我怕捅破时辰,人生不再摇晃
把心捎在树上,跌落在湖面

心里灌满酒的人,总想迎着风
把那些往事,那些曾经,随风飘去
鸟,或许能懂,听得叹息和号啕
把喝剩的酒瓶,留给女人,也留给远方

上海宝山

时刻

时刻,究竟有多短
我想漫长一些

一闪的电光,我害怕
一夜的长眠,我难熬

我不想呕心沥血地等待
更不想四面八方地靠拢

说是千年等一回的宣言
说是执迷不悟的忠诚

我看到水珠在树叶上的滚动
清澈而短暂,那不就是我的灵魂

上海宝山

独处

脱个精光
是天浴,还是孤影
只有流水会告诉你

一个人的世界
有春花,有落叶,有秋果
还有晃在街头的吟咏

我想独处
风吹过,无痕;雨落下,无声
有的是我的独白,在诗里

重庆武隆

春之燃

万物葱茏,能覆盖褪尽的忧伤
没想到,山水退让,也难以用容颜取悦我
许多时候,我背对着大海
看山花烂漫,沁人心脾
面朝大海,只是怜悯的乞求

尘世的忧戚多于快乐
只是你不说,被包围的吞噬
当身体里的秘密,被入土的时候
你还会欣慰,曾经的祷告
一缕青烟,一掬尘灰

我身体之火,已熄灭
我灵魂之苗,却在燃
是吗,因为有了安放

长江三峡游轮上

起风的时候

起风的时候
我仍在太平洋的东岸
我丝毫不惧怕被海浪带走
我更不惧怕被葬身鱼腹

可我似乎看见一颗透明的眼泪
也明白生命最后挣扎的哀愁
跃上半空,坠下深渊
在嬗变的宇宙,寻找落点
在有限的空间,寻找归宿

起风的时候
我微笑,看着你的美丽
轻轻落下,泪,在我的心里

湖北宜昌

小城

小城，有一双眼睛
在夜的海洋里，看着我
渴望，还有燃烧
举起血红的头颅

是否忍受生活，以为幸福
是否风雨飘摇，才显孤寂
麻木的旅程，疲倦的灰尘
只有黑暗点亮心中，才美

小城故事不多，小城秘密太多
把自己的珍贵，与潮湿的冬天
给予我，一份纯真
那是小城，有一双靠窗的眼睛

重庆大足

我在街边跑步

宅久了,压抑我的身体,我的心
哭泣无用,被空气笼罩着
人,能在狭小的空间呼唤什么

下楼走走,去绿道跑步
靠近恐惧,是一片寂寞
叫不出名的鸟在树枝上腾跃
不明不白的花朵正等待绽放

我想躲过冬季,那有些黑暗
却躲不过春天,又将怎么办
我走啊,我跑啊
滴落的泪珠能汇成海洋
逝去的生命必定会轮回

我不想东张西望面目全非的昨日
也不愿顶礼膜拜朝思暮想的今天

重庆解放碑

想到了什么

阳光披在我的身上
如同抹去我的朦胧
唤醒记忆中的一个片段

我却感到冷,紧抱自己
偶然会有夺眶而出的眼泪
和听见沸沸腾腾向我走来的脚步

你白色如丝一般的躯体
和我十指弹奏出的 G 大调
似火焰的冷却,炭炉上的烤片,吱吱作响

我什么都不,还能指望什么
只想,钟表指针能停顿片刻
只想,音符跳跃的节奏加快

　　　　　　上海黄兴公园

一声惊叹

雨，落在不同的地方
声响一定是不同的

毁灭也一样，融合更是如此
有那么多的事情，有那么多的经验

预谋很久，活着苟且
搬来挪去的东西，终是无疾而终

所以，关于温暖，恩怨
不如顺其自然，糊涂点为好

安徽灵璧

写诗给朋友

你来电话，夸我，还是笑我
我今写诗，而且一摞，一摞写
自作多情，惜惜相别，还不知耻

抱歉！我不会喝酒，我也不会抽烟
因为知道，买醉的痛点，烟熏的苦恼
写诗，是给酿酒，是给人生的礼物

我想用诗，换你的酒，换你的烟
扯平生活，是滥情，还是矜持
给你写诗，即赠你一幅山水画

       安徽阜阳

冬与春

这个冬天,很疼,很疼
雨,下得疼!风,吹得疼
偶尔露脸的太阳
好像看见我自己,也很疼

从身体发出的信号,是强烈的占有
却轻易被侵染,多么想活一回
赶走那紧追不放的气味,奔跑
所以,留给你灿烂的笑,让你听见

我明白,去了远方,不会有疼
那里没有风,也没有雨
只有一池碧水,和落叶的声响
真的离自己很近,更安全

江苏徐州

失去的，还会回来吗

来到你的身边，是否有些草率
爱情是不需要理由，那么荆棘，那么险阻
昨天走了，今天依然义无反顾

那我该怎么办，给我一个解释
没有笃定的回答，没有写
有的，手指向很远的地方

其实很近，是心与心的距离
无法测量，更无法掂量
那就遗忘，不就是更好的远方

安徽淮北

渐行渐远

我没暧昧，只是不语
我没徘徊，只是羞涩

我不忍看见树叶的飘落
一天比一天稀少的树干
裸露的伤疤，让风侵蚀

我不忍看见水波的涌动
渐行渐远离开我的视线
水深不可测，水清则无鱼

你是知道，我不够深情
也不面具，给一点欢喜
但不同的是我，在吟唱

春天，我一样枝繁叶茂
秋天，我一样硕果累累
给你一生够了吗

山东烟台

我是风,我是雨

有时,我说走就走
像风,时而回首
携一片云彩

有时,我说回就回
像雨,落满飘零
裹一阵雷声

我是风儿,我是雨
去时暮春,日已秋
自居,凡人的漂泊者

究竟有没有故乡
何时布满尘埃的归宿
我不说,你也知道

     山东威海

和春天有个约会

喜欢春天的颜色,绿了一个人间
多少人走过春天,都想相伴
问问花朵,让风轻一点
知道驻足的日子不多
那就唱一首歌,春天会懂
如果眷恋,即去春天的河里洗洗
许多时候,春天给你的礼物
是不经意的,不动声色的
因为,万物蓬勃
无须你的猜测,不需你的预订
相逢所愿,更为绚丽的金色
我不敢说,但我能听见
有一首春天的歌,一直在回旋

山东青岛

相遇

注定，我会来
伸出一只手，握住了滁州
跨出一只脚，站在了街口

丝毫不掩饰自己的决心
也不怀疑自己的向往
——你，注定遇见我
留个空间储存

我怕辜负你的情缘
我怕没你想象的好
不过，我的来临
不正是恰到好处的祝愿

江苏宿迁

月光

月光,不因为爱情而美好
深藏的村庄,行走的村民
月光照亮茅屋,残墙,鸡狗,野草

人说:月光为镜
让自己舒畅,心动
村民没有,没有把心扔进池塘
而任由月光揉捏,梳理他们
从过去到现在,都没被埋藏

月光,只能遮蔽,只能谜语,只能抒怀
不可画栋雕梁,不可梳妆显露

江西南昌

我一个人去

很遗憾,我一个人去
虽然铁轨两条
向同一个方向奔驰
却永远是两条征途

我多想选择同行,甚至携手
伫立眺望终点,说出更多理由
岔开的路口,找不到交叉
说痛的无奈,说离的痛点
知道你爱,只是相陪
留下的足印,经过我的心口
那天的早晨,那天的傍晚
我留你一个空间,一个等距

你也说遗憾
该热的时光,隔望的岁月
但至少我陪你,去远方
一个完全不同的风景

江西鄱阳

三月

喜欢三月
是因为阳春，万物盛开
即使满世界都是尘，我也爱

而今，暂时的黯淡
我沉默，比语言更少的是等待
我悲伤，无疑是一场无泪的凝望

我想过自己衰老的样子
我怀疑满是尘埃的诗句
走进，鲜花盛开的围城

但我还是出乎意料
流失了今天，幻想着明天
如同悖论，与光同行

江西上饶龟峰

我也想

我也想穿过大半个中国
去见你,甚至去睡你
哪怕让我赤身裸体
也心甘情愿,因为世界纯真

我被困顿在午后的太阳里
慵懒的无所事事
惺忪的想入非非
我被蜷缩在午夜的被窝里
温暖是需要幻想
触摸也需要撩拨
剩下只有喃喃自语,或念想
哪怕是虚无缥缈的瞭望
现在,内置满满的火焰
只能一段一段冰冷的呼唤

上海浦东

甜食

我喜欢吃甜食
甜饼、糖果、包括爱情
与甜沾边的,总欢天喜地

是呵,每次想你的时候
心中自然有一团蜜
笑逐颜开,甚至甜到苦

其实,说不尽的喜悦
往往是一辈子的苦涩
无可救药,会摧残老去

是的,许多谎言
是口蜜腹剑的广告

上海杨浦

时刻

只要我活着,一定有许多时刻
分分秒秒等待,分分秒秒忽略

我喜欢的白天,阳光更多点
我喜欢的夜晚,星星明亮些
如果我的灵魂够清澈
应该是在你的肌肤上游走

我想被疼爱的感觉
如同你滑过的身体
水从四面八方来,又向四面八方去
而流动的,则是我的灵魂

白天明艳,夜色尚浅
而我的时刻,赤裸裸地
就是我内心的影子

上海杨浦

岸

我瞭望着海
我看到了岸
与前与后都是海

唇齿之间,看左看右
满目凝视
满目涌动

我伫立岸的这边
你远眺岸的那边
二个海岸一个家
泪水掩映星辰
心,却在呼唤

广西北海

赤裸裸

为染尽生活的色彩
作为对抗黑暗怒放
既短暂也无悔

我无法理解时间的停止
只为唱一支幸福的歌谣
那么今晚就湮灭

只有我赤裸裸地站在你面前
生命的光辉，即使一瞬间
我也认了，知道那才是永恒

广西北海

在此

荒诞,你说时间?
快得来不及化妆,容颜老去
慢得来不及卸妆,挽留容颜

我一向斜视看世界
以为搬来搬去就是人生
恍惚是一场雨
虚无是一场梦
何况,活着就是一次煎熬旅行
向左向右都一样的疲惫

是的,岁月会轮回
时间也会相聚
只是贫瘠与富足而已

广西柳州

十四行：只有一道风吹过

不是一阵风，而是一道风
从峡谷中吹来，从山缝隙吹来
不是落在地面，而是飞向山顶

我抵不过这道风，怕被催老
我一生的祈盼，一生的祈祷
是被那道风，吹得只剩半扇门
不疼，不痒，不柔，不阴
不哭，不笑，不善，不悲
光顾我们，不是恩赐，不是美人
多想燃不尽的香火，熄灭
多想心中的那盏灯，熏黑

掀起我太久未洗的衣角
没有苦难，没有爱情
有的是：吹开佛门，另一扇门

      广西北海

银杏树下

我狠跺一下脚,挂了一个季节
银杏叶黄,白果熟了,匍匐大地
有没有相依为命,停泊在脚旁
想的是今天,忧的是明天

其实,我想念的日子,早已搁浅
缺失舵,缺失帆,家还会明亮吗
秋风疾,寒冬荡,银杏叶黄箫声去
遮不住的月亮,却温润更明亮

谁说人生的尾声是碎心之苦
滚落一地的白果,酝酿下一个春
缀一道虹,在我的身后
哪怕磕掉半辈子的风花雪月

是的:风知道,我要的是什么

上海杨浦四平路

友人行

我是凡夫,还是愚夫
结交天下之友,而沾沾自喜

有多少情谊,岁月耐久
有多少深挚,纯真萦怀
我们熟知,我们疏远
你我还是,名分上的友,记在通讯录

早年友情易脆弱,如今交往是实在
琐事缠身,心胸的善变
未来情谊,可贵的挚友
转眼飞逝,忘得一干二净

人有私利左右,不能怪罪
人有命运变数,岂能猜度
自然有流萤,人又何尝不是

上海杨浦

2018 年写的诗

撑开一把伞

下雨了，起风了
我抬头，凝视的眼光
该如何述说
听那歌看那舞
还有吟诗的乡愁

掩住我眼中盈闪的光
按住我缓步向前的脚
翻开我泛黄的日记
晨曦，炊烟升起
黄昏，掌灯时分

如此春夏秋冬
如此酷暑严寒
只想为你挡风
只想为你遮雨
即使你孤独前行
我终将陪伴左右

你,看见我了吗
我撑开,就是一把汉服的风情伞

　　　　湖北武汉

东湖

我在东湖边,与你比肩
柳叶垂直拂过我的脸
我知道,那是你赠予我的初吻
披肩的长发,雪白的手
还有靠近的樱桃唇
我胆怯,过分地艳丽
我也想,完满的结局
可今天,你在迷离的远处
我在湖岸遥望呼喊
找个伴侣,择善而行
有这么难,一掬湖水洗脸

湖北武汉

叶子

你像一片叶子
飘在我的身边
被风雨过,也苍凉过
却依然生辉,在我的丛林里

你像一片叶子
闪在我的眼前
被踩躏过,也爱抚过
仍然勃发,在我的内心里

叶子飘得再远,再久
叶子碾得再碎,再细
叶落终将归根
你也必将回来

湖北武汉

看见你

看见你
我就看见一道霞光

远远的高山
仿佛积雪的屋顶

你面朝峡谷
脚踩黄昏

布达拉宫的霓虹
传遍我的身躯

有什么可犹豫
举起酒杯,醉了吧!

西藏拉萨

冬，来之前

我还穿着短袖，显摆
在冬来之前，最后的疯狂
热得眉飞色舞，怀疑

都认为，我与她不可能再相见
因为她是秋，我是冬
相逢的那一刻，各自转身
没留恋，也不挽留
绝情如同一夜风雪
覆盖全部，喘气都没时间

你想留住色彩斑斓的秋
我却欣赏冰雪天地的冬
除了仅有点爱，说不出口
满不在乎，威逼就范
只需一夜之间，还是疼痛不止

西藏林芝

被风吹了

起风了，吹一地的烟蒂
还有几根吸半支的烟
我起身，莫奈的画挂着
墙，残破剥落，说是意境，或抽象
明白糊弄，但不心灰意冷
不懂被骗是福，有支烟有幅画

临街席地坐，写诗发几个字
忽看云，又看雨，那就看书
好不容易拼凑，排列，组合而成
我不说什么，也不赞成什么
但我看见堂吉诃德的脸
意气轩昂，雄赳赳凯旋

然后，扯下他的衣饰
我想不好，起身告辞
扔掉二指夹的那支烟

西藏林芝

我们的故事

我们的故事
是一帧素雅的插图
一本精美图书的点缀

把书放在胸前
让灯光任意想象
想说话给谁听
指间流出的诗
是自编故事的段落
想唱歌的时候
已经忘掉自己是谁
蓦然明白容易记住
是余音缭绕的天空
一定传得很远很远

我们的故事
是一首民间的小调
想挥洒的时候，有些醉

四川宜宾

呐喊

我知道是暂时的,爱的距离
尘世间的距离,最远是心

空旷的大街,我一声叹息
清静的小巷,我不敢出声

看见的都是口罩。白的,兰的,红的
化妆舞会的面容,撕裂冬日的阳光

我要出剑,即化成灰
我要呐喊,即泯于此

知道你潜伏,春天来临时,必把你揪出
知道你暴露,剿灭你之前,我举杯欢畅

四川宜宾

晌午

晌午,时针交叉
我以为,晌午是一天最长的时段
能裸身在太阳光铺满的草坪躺着

我能感觉你从我身边走过
从另一扇门出逃,怕有灾难降临
触摸你,黑暗中的孤独

请喝水,我已累得窒息
只想泊在清流的晌午
光着身子走进,母亲为我洗礼的圣池

还有什么比寂寞好,还有什么比清澈美
看不见的水,听不清的静
阳光抚摸身躯,我何必合上双眼

　　　　　　　　浙江嵊州

走过坟墓

风,曳曳而来。雨,嗖嗖而下
我,轻轻走过,又久久站立
我听见了鸣笛,我看见了滴血

一闪,我被戳中
泪水涟涟,也填不满空荡的身体
没有墓志铭,述说你一生

明媚了阳光,储蓄了月光
让即将到来的雨季
掩埋墓地,清洗身体

而后,把你,把你们
含进我的嘴里,植入我的心里
咀嚼,就从清明开始

浙江嵊州

累了

写得,有些拧巴
就放下去吃肉,说是一种信仰

其实,不必那么纠结,自责
累了就睡,醒了就笑,不好吗
欲望少不等于不想
太简单不等于从容
心向什么不重要,淡泊才是真性情

浮云也好,浮尘也罢
心真累了,就少些索取,放下就足矣

浙江嵊州

返程

返程,总有回家的理由
昨夜的玫瑰,没有余香
却被月光浸淫
摇摇晃晃,惊醒了鸟
恍恍惚惚,惊扰了你

不安分,是一个危险的安插
因为,我不想枯萎,也不愿束手
让人期待,让人心醉
不提爱情,不想伤痕
返程,是温暖的选择

浙江上虞

半坡

有风无风的日子,我都站着
看一片叶子撞地球的刹那
真的是无声,还是有声
如同乡村的炊烟
飘向天空,是无踪还是无影

但我还是喜欢有风
可以对话,看叶子飘去的方向
有风过境的时候,预测是微风还是狂风
我知道自己,永远在风的下口
矮到看一场暴风成就一场事故
假如死亡,辨认风留下的残骸

因为,不可能也很难站立风口之上
所以,我就是半坡
瞭望有风无风的日子
也很美,至少在思考

浙江余杭

晚年

还有多少路程可以走
还有多少风景可以看
我老了吗

哎,不管走多远,不论看多少
一定要回到最初的地方
老伙计,忙碌的时候
不利索的腿脚,哆嗦的手势
还有身不由己的药片
是老了!翩翩蝴蝶也远去

伙计,站直了走,挥起你的手
还有更长的路程,还有更美的风光
我愿陪你,吻平你的皱纹

上海杨浦五角场

下雨鸟叫

我主卧的窗下，是学校的操场
清晨，一排茂密的樟树林里
鸟鸣，一声声催醒我
我很幸福，从少年一直叫到今天的老去

我有多少幼稚的童年
我有多少幻想的少年
和充满理想，考大学的往事
每一声鸟鸣都是响亮的青春

我成家了，我有孩子了
如今，我退休，过着云淡风轻的日子
鸟依旧，东边叫来，西边鸣
我阅读时，鸟也会飞到窗棂

是鸟，知道我的秘密时光
也明白，早出晚归的勤奋
我喜欢鸟的陪伴，更爱雨中鸟的鸣叫
鸟抖落一夜的羽毛，也抖落我一生的风尘

上海森林公园

信息

写下信息时
我自豪,活着就是一个人字

字字句句是生命的光彩
前进的道路
畅通无阻

      上海黄兴公园

去远方

我想成为一个行者
犹豫不能跋山涉水
我想成为一个勇者
担心遗憾失去自我
当我抛下所有
迎来正是阳光明媚
踏上旅程
去远方

吉祥航空飞机上

风从湖面来

我知道,没我多想
风从湖中来,吹来的落叶和果实

很多往事,没有经过过滤
硬生生来到我的城市
想给一个赞美,心里就疼
既然风温柔,或慈悲为怀
在街头巷尾,晃来晃去
都感觉是一种预谋,甚至危险

我用自己的上海话,诅咒
但风吹过,却无色也无痕

上海森林公园

船

我是个漂泊的人
人在地上,心在天上
每次回来,湖水淹没了岸
浸透是白是黑的院子,屋檐

故乡是什么
零碎的浮萍,几座坟茔,还有生锈的舟楫
我喊一声丛林,我饮一口井水
漂得再远,归期总在眼前

我一生灿烂耀人,我一生一败涂地
船,驮着我的灵魂
回家

上海北外滩

我能在夜晚唱歌么

有些花,在夜里开放
有些灯,在夜里熄灭
而我,却在寂寞的夜里
想歌唱,想抒怀

这个冬天,让我痛得清楚
这个夜晚,让我翻来覆去
找一个出口,泪水化成歌声
找一个预测,春风融化了冰雪

　　　　　　　上海杨浦

老城

老城,有我一个梦
黑暗的屋子,被一匹布遮盖
有猫有狗在游弋,或呻吟
没有人敢掀开,更没人敢去奢望

光着上身的我,在街巷进出
有水的地方,不一定有鱼
有鱼的河流,一定有我张开的嘴
我凝视着月亮,也想触碰太阳

不想推开城门
不想潜入河底
只想轻轻,轻轻地走开
——我的老城

上海城隍庙

远行

我都 66 岁，归类花甲
可我不服，遇上最好的年代
繁花落尽，喧哗沉寂

多美的秋日，我去收果实
因为，春天埋下的种子
多少个星辰，多少个日出
前世欠了多少债，后世必还多少情
幸福有没有颜色
纵然身体里知道
所有的努力，远行才能明白

人虽老了，但还有远方
落日熔金，岁月悠长
辉煌往往在谢幕时

上海浦东

照片

对着你哭,对着你笑
把我的所有呈现,一览无余

短焦近,我爱与憎更分明
长焦远,我思与愁在远方
像素越大,令人费解的皱纹更清晰
像素越小,私心杂念的光芒在额头

定格此刻是为了永恒
采撷风光是为了色彩

那就是我,多拍几张
喜欢,拂去皇帝的新衣
这样更美,或更唯美

上海浦东

拉下窗帘

回家第一件事
拉下窗帘
最好密不透风

黑夜对我来说，既无意义
也不知黑夜的方向
即使站着抽烟
都看不见你的影
即使你来回走动
也看不见你的光

此刻就是黎明
就是更夫叫我
被子捂住了我的脸
黑夜也进驻我心里
独守着身子，也是赶不走的黑暗

上海杨浦

去了

我是去了
那又怎么样

面朝蓝天
脚踩黄土
我身体里的水
流向远方
我内心里的伤
留在苍穹

知道无法飞翔
就在大地奔跑
沉重的心,仍想起飞
即使飞不过墓地
也要歌唱云朵
和预知的腐骨

我想,你会聆听我在吟诵
我愿,你会看我泪流在远方

即使天堂的路，很远
也有我的慰藉
也有你的微笑

　　　　上海浦东

无题

我会在午夜死去吗?
痛不欲生地坐着想
或在黎明前

呵,或许我想离开
却又渴望你的到来
在我干裂的嘴唇上
留下你温存的记忆
在诱惑我的躯体上
有吹来和煦的春风

亲爱的
我盼望春天的来临
更盼望夏日的午夜
无法停止幻想你的气息
死亡,也就离你远一些

上海浦东

太行山小夜曲

很早就想来看你
我的太行山
想亲近你
想拥抱你

我是一个人来的
爬上你的屋脊
倾听无声无息的流水
吟诵内心无边的诗情

你给我的是勇气
遮住你的容颜
还客气地下了场暴雨
容不下我,石阶上坐坐
光透过的树林

那我走了,我的太行山
云彩有天空
丛林有大地
而我,有诗歌

河南林州

九月的收获

九月之初,我去了你不知道的地方
山被雨雾笼罩,水涓涓流淌
若你跟我而来,一定被风景迷醉

我无法取悦你,可儿
我不想怜悯你,悲呵
如果爱是一种无私奉献
愿阳光暴晒,盗走我的灵魂

许多时候,我背对着天空
渴望黑夜的风高
在山峦之间游走
在溪流上下翻涌

走得真不可思议
来的又是那么澎湃

安徽泾县

暮色

夜色可以淹没我
可淹没不了我躁热的心
我要追上仅有的一点亮色
怕你回头,也就看不见你床
也就感觉不了,夜色尚存的温度

你怕我跟随吗?那是我的权力
一想到你,我就有些悲悯
悲悯的有一脑子怨恨
我想黄昏,也乞求黎明晚些来
和你多些聊心,多些相视

知道吗?我像个嫌疑犯
总撩拨窗帘,看看光亮的十字路口
知道吗?我像个忏悔者
总在你的身后,盼你看到我的脸
让月光破碎,让月光肮脏

每一次,每一次
是你盗走我唯一的蜡烛

连一点光都不容我,是否过分了呢?
我在光影下偷偷摸摸,活得悲
给一次机会,洗净我的脸,洗净我的身

好吗

    安徽泾县

这样的夜晚

我钟情于夜色
夜色,让人伪装成君子
掏空我的情愫
也会面对月亮,夸夸其谈
释放我的狂想
在十字架上,在棺材里
不如有一次审判
依然面对微笑,喜不自禁

星光那么美,温柔那么美
就连忧愁也那么美
喜欢黑夜,诅咒白天
来约你的月光
照耀都是憎恨

安徽泾县

不知道,就不要告诉她

我预测,好过头的尽头
一定是离家出走
背叛还是对你的奖赏

你以为淑女,你以为贤惠
走过庭院,走过池塘,走过墓地
你看看恰到好处的春天
也一定是她变味的体香

你让他交出痛苦,你会羞愧
你让他献出冷静,他会伸手

想多了,也就悔多了
变了道的溪水,也会流向海洋
变了色的黎明,也会流光溢彩
你不如站立门槛,望着远方
说声:你走好!

云南丽江

今夜遇见你

遇见你的时候
我在山上,漆黑一片
被恐怖笼罩,被雾气包围

我想象被风吹过的平原
我想象荔枝树抱紧不放
不畏惧群山,怕自己在雾气中
不是狰狞,而是温柔走来

我乞求山对面的灯火熄灭
是怕诱惑不住身子颤抖
我不想在空房里坐到天亮
等待放亮的晴空,再也说不出
——我爱你

福建泉州永春

云水瑶献吻

寂寞地等你
是远方的情人
六月的雨,狂风大作
把街巷扫得干干净净
把天空吹得彻彻底底 碧空无垠
只有心灵,承受雷霆,承受肆虐

阴沉沉的天
空荡荡的原野
黑夜从我体内升起
你在黎明前到来
能给我什么?
我念想的朋友

福建南靖

想去远方

我想去远方
就不能留恋家的温暖
知道风雨兼程

我想去远方
就不能幻想远方的美好
知道路途未卜

远方虽有诗
但不都是彩霞满天
也不都是碧海帆影

福建云水谣

此刻

我把手伸向
伸向我懂爱情时的幻想
没有人教我,也无需教我
蒙娜丽莎的手臂再也摸不到了
已塑成了石雕,已成了装饰

我把手伸向
最柔软,最美的弧线
也把嘴唇一起伸过去
我不信,含毒的野花
我不信,见光即死的预言

海水滑过我的身躯
我没有看见,你也没潮红
只想夕阳下的海面有炊烟
只想吹不散的云朵不飘走
我想把手伸向
我所有能看见的大海

云南洱海

我们相聚

我不想假如
只想再次飞到你身边
我没有假如
祈愿相见我们是一家

那不堪回首的往事
长达半世纪的诉说
岁月漫长,何止是期盼
你我等得太久太久,是否煎熬

既然我们生命中没有假如
允许我一次真诚地跪下
手的相握,额的相碰
是你我心与泪的默契

云南洱海

远方

你想来我这,我想去你那
都说是远方,情怀不一样
路途的风景总是最美,会留恋
因为,天空给了我安慰

什么都有,什么都没有
遥想天空,也就飞得更高
留在大地,根埋得更深
我想发光,那就去远方

太阳也会入眠,月亮也会醒来
而我在天际无垠的远方
等太阳落下,等月亮升起,
也在等你

      云南大理

在我老去的肉体里

这痛那疼？我的肉体在分裂
这愁那忧？我的肉体在呼喊

我还想偷情，还想欢愉
更多孤单的时候，有些亮色
更多热爱的时候，还想摇曳
遭受禁锢的躯体等待相遇

我一直压抑，想证明青春
也一直冲动，拒绝我腐朽
我更相信春天的魅力
承受着疼痛，与光阴相伴

但我知道，去了远方的人
灵魂虽还在，但肉体呢

云南香格里拉

从前

从前,我总说,爱你
以为是一种爱情
结果。是短暂,如光闪过

现在,我沉默。等待
以为万物会永恒
结果。爱情短,时间却长

容易消失的,总是珍惜
爱情的短暂,只怪红尘

我还有什么可说,辩解
反正悲伤是一场泪水
反正竹篮打水都是空

叹!都是我的错

云南大理

别

在拥抱你之前
我不想,即化成灰
那多伤感,撕开一道痕

在诀别你之前
也不想,泯灭于此
只有此刻,才一声哀叹

我太久的沉默,我不停地穿行
从远方你捎来的味道
给予我刺喉的玫瑰

请允许我犯错,就一次
我愿在荆楚大地
立地成佛,给我机会吧

　　　　　　　　　湖北武汉

桃花凋谢

桃花盛开,预示一场阴谋的开始
不是吗?先开花,后长叶,再结果
映红了天,映红了地,也映红了脸

我有预防,还是被牵进桃色
温暖,怨恨,俗艳成苟且
是人,总被肉体姝连,与性有失
来来往往,扯也扯不清
既是离题千里,既是近在咫尺
关于桃色的真理,也成了传说

我恨自己活得太久,更怨自己撇不干净
那么多的事情,那么多的厌倦
我盼一夜暴风骤雨,扫荡而过
满地桃花瓣,是我对尘世的诅咒
尽快枯萎,尽快消失

安徽皖南

野花为谁开

男人,也会采野花
稀罕,是个老的,快入土的

夕阳悬在天边,却光芒四射
穿过树林,如箭一般,直刺心脏

我与一棵孤独的树,相依为命
颤抖又哀伤了一生,终于熬到了花甲

你说得没错,至今还单身
不问为什么!爱情献给了天狗

可饱满的热情,及旺盛的肉体
等待一个岔路,落日是多么沉重

欣慰,男人有个女儿,海外归来
那野花给谁,放在自己的墓前可好

甘肃敦煌

有春天吗

一个女人的春天,有多长,有多美
在侗寨的青石路上,屋檐下,草垛里
还有黎明,黄昏,黑夜,池塘,甚至坟墓
尘世拴住的是脖子,生活压垮的是腰际

哦!有的是迷茫羞愧的眼神
人生的直立与弯曲是什么
湍急与静止的河流是什么
我不想读懂,也没必要
只是凌乱的雨季,在秘境的深山
呼唤一个一个春天,山花烂漫
守着祖屋,守着田地,守着孩子

是啊!还有属于女人的春天

贵州安顺

在海边

我是这样地站着

望波涛翻涌的海面

背影映在沙滩

没有漂泊,没有尘埃

有的是我眼中的泪水

想靠近些,再近些

相视一笑,还是视而不见

你我,是否在意擦肩而过

如同海水一浪一浪涌来

拍向沙滩回头即跑

虽然短暂,但还是美好慰藉

愿我的背影,在黄昏来临之前

瞬间消失的同时,我喊出

爱的魂儿,你在哪儿

上海宝山吴淞

老了

春光会老吗？问我
再不来，春光就真的老了
因为，我走向暮年

风流一辈子，还想初吻那件事
不想浪，会伤了春色
不虚名，杏花映红了天
我在光阴中苦苦挣扎
只为生活绚烂
我在不停地穿梭前行
只为山河染透

光阴似箭，我体内的起伏
在呼喊高山，大海，沙漠
以及我不老的青春

上海杨浦

生活

总想生活,是阳光,微风,细雨和星空
却不知狂风,雷电,冰雪,痛苦和渴望

美丽的同时,也丑陋;快乐的时光,会煎熬
生活更不会是盛满的酒杯,和填不满的欲望

伸出你的手,环抱你的背,说声
健康与疾病,甚至死亡同在

上海杨浦

2017 年写的诗

春天来了

我不堪忍受
初春的寒冷，手指还僵硬
一个劲地等待，在街边的椅子上

春的脚步，是伴着冬的泪滴
也尚存血的斑痕
人人都不愿深陷于风景中
又想多吸一口春天的微风

觉得掉落是一种无所谓
冬日带给更多是肆虐
春暖乍寒有些冷，也体恤冬日的温存

上海崇明

无题

许多深夜,我都在想
等了一个秋天,又一个秋天
银杏树泛黄,落叶,离枯萎不远

星空是让我仰望的,也是愁绪的
半夜的街灯。都说:鬼吹灯
我窃喜,撕烂衣服,往外跑

夜幕下的灯,是可怕的,也是多余的
因为,我朝思暮想,也就无所畏惧
有这样一个人,千山万水朝我奔来

      上海浦东

人，老了

老了，想哭的时候
泪水也不怎么充沛
汩汩，也接近枯竭

亲爱的，一生都难叫出口的三个字
是因为，一直不敢相信
临近春天，花朵才盛开

可能我患上了思念，或者孤独
看黑夜，看野草及流水
流连忘返，焦促不安

仿佛有人挥手，仿佛汽笛鸣响
打开陈年酒坛，扔掉半截烟头
既忧伤又甜蜜，还唱着我喜欢的歌

上海杨浦

在海边遐想

我没感到鬼魅
海面上都裸出半截
是人体最美的部分

我喜欢这个季节
因为色彩无比
是自然纯洁的春天

成千上万人半裸在海面
是成千上万面招展的旗帜
是成千上万个灵魂在飞舞

既然大海敞开怀抱
为何不让灵魂对话
无疑是心灵的修行

江苏南通

感恩相遇

每次相遇,我都感恩
是大地孕育我,是山川成长我
我用最美的诗句,擦洗世界

纷纷扬花的尘世
我在风中与你相遇
无遮无挡的岁月
我在雨中与你挥手
身体里的魅影呵
在渴求,在追随
即使纤尘未染,即使乍暖还寒

我始终感恩,与你相遇
哪怕把我的心掏出血
一切都是你给予的

广西柳州北山

远山

这里没有古堡，城墙，也没一条公路
哀婉，只是一片青色，和颤抖的叶子
不安中，几盏渐暗的灯火
在暮色中，唱着沉甸甸的歌谣

我总想光芒照耀，又总是被雨雾笼罩
倾听青草的叹息，光线始终虚无
但我还是忍住，稍纵即逝的暖阳
水牛走过的草地，狗儿奔跑的甘蔗林
还有旗帜扬起的桑树叶
都在欢腾，都在舞蹈

我明白，沉沦在大山的晚霞
叹息，一见倾心的晨曦
即使只剩空荡荡的山峦和草地
我也最爱柳宗元的故地
柳州，我在龙朗屯

     广西柳州北山

早晨

凌晨出门
我想画一笔,太阳的微光
也想描一笔,清晨的露珠
而所有的微光与露珠
都画进了我心里
若有爱情,则更美好

被黑夜沉睡,渴望明亮
如爱人侧耳,低声,细语
我明白。你我对人间的语言
你会挑三拣四,我则顺其自然
而今,我静默前行,你宣誓立威
一觉醒来。潜伏黎明前的斑斓

凌晨出门
给点空间,求你轻轻关上门
不惊醒月亮,不打扰太阳
你淡如清风,我安然入睡
不大声喧哗,不穿堂而过
有爱无爱。酒还得喝烟也得抽

广西柳州北山

不愿错过

我不相信命运
所以,我走向了远方
我不怀疑生活
所以,我拥抱的季节

一切都那么透彻
领悟就在我手上

上海杨浦

声

我看见的阳光
纹丝不动
我感受到的风
诉说故事
千山万水,大地纵横
无声无息的世界
是一场祷告,还是一篇经文

江苏扬州

我把诗,写在垃圾袋上

我是急性子的人
滚烫的茶水在唇边
会眯着眼微笑

灵感来了,却漫不经心
扯过垃圾袋,不屑
是抒情文字的流泻

我知道,至少一个季节
诗句涌来,忽明忽暗
戛然而止,则是回眸的遗憾

    东方航空飞机上

头发黑,是染的

我怕老,用衣饰扮靓
以为,能遮富态,规避赘肉
玩不了青春姿势,选美颜过滤

太阳说话了,月亮不乐意了
让头发缕缕白,让头发渐渐疏
亲爱的,劝君举起一杯酒
灯影摇曳,回望江河流去

不就一个倒影
几朵白色浪花

上海杨浦

凝望

侧身躺着
只有一拳之距
感知了心跳
却无法动容

彼此望着
只是近在咫尺
心知了眼泪
却好似天涯

沉默的世界里
能否听见我的呐喊

上海浦东

雪儿

我知道你在北方
即使摇摇晃晃
即使跌跌撞撞
即使使寂寞永远
爱飘飘忽忽地降落
和平平静静的原野

想你的时候
风起之时舞动的手
雪花漫天飘逸的发
你常常说：要偷走我的玫瑰
而我记不清承诺什么
连沉默，连痛苦
都被紧紧地捂着，甚至按下
虽然看见天空，却看不见风

如同爱，是看见与看不见一样
或许无奈，或许遗憾，或许心碎
你静静地回到你的北方
是等待，是无名，还是无望
不过我看见热热烈烈的雪
不过我看见盈盈透亮的月

闪烁我的眼泪和面容
静默我的心灵和躯体

我知道你去了北方
我又能怎么样
斟满杯中的红酒喝下
醒来时，是一地的鲜红

　　　　辽宁沈阳棋盘山

情人

如果在下雪前死去
让雪覆盖我的身躯
无悔，曾千百次追逐你
无怨！曾在寒风中倒下

你忠诚守信
千百年一次次落下
是孕育生命的曙光
是抒写历史的开始
你淹没了黑暗
你驱散了病魔
你滋润了大地
你让春天来临
你融化了自己

在雪落下之前
无须一次葬礼的背叛
我愿匍匐在大地上
让你覆盖，让你掩埋
因为，你是我永恒的情人

辽宁沈阳棋盘山

邂逅

也许你不明白
眼光直射我时
已流露内心的期望
更没想象
是缘分的入口
也许你已经意识
话语倾诉我时
已留存内心的牵挂
更没意料
是命运的阐释
源自心灵的旅行
走向时间的深处
假若是彗星
自由怒放的夺目
是天崩地裂
假若是孤星
撞入渴望的怀抱
是毁灭之星

辽宁沈阳

一定要微笑

一定要沉默，一定要哭泣
把你的世界掏出来
摊平在大地上，铺展开海面上

我一直认为，你是感恩的人
把春天，给了全部，可以无底线
就像被放逐，不属于自己

你的沉默，你的哭泣
无法说服自己，也无法信服我们
心头的白云，依旧飘过天边

所以，无论什么，要记得遗忘
要明白，不是每一条路都是晴朗
微笑一下，海阔天空了

辽宁沈阳

方向

如果让我看见
我会移动到你的身边
知道凝固的位置
挥不去的，是光和热
你不想我也皈依
但有一种力量
是朝你的方向
即永恒

　　　　　上海杨浦

魂丢了

手机丢了,一点不知道
那魂丢了,人又在哪
走过通道,向左,是厕所
看不清自己的脸,模糊了
但看见镜子,是我花白的头发,眼角的皱纹

H163 登机口,只剩 20 分钟起飞
一个穿黑色连衣裙的姑娘,焦急着找人
欣喜一束光,美丽标志
难以置信,走到我跟前
娓娓地说:你的手机呢?
惊醒!狂奔 30 米,手机还在那

当一个人魂丢了,躯体会在哪
六神无主的梦游,看份报纸
刹那自扪,候机片刻的游走
出门,把魂带上
远方需要的

　　　　　　　　　上海浦东机场

在你远行的时候

单程票载你去未知的世界
你的手在甲板上挥就一个圈
那是日后归来的语言吗
还是一个句号

在你远行的时候
我没有挽留
你的额上顶着太阳
你相信远方有佳酿也有苦酒

在你远行的时候
我何必挽留
当你把异乡的风雨阳光览尽
我会再见你回眸

我也挥动双手
在你远行的时候

上海杨浦

注：这位友人你现在在哪？

www.ingramcontent.com/pod-product-compliance
Lightning Source LLC
Chambersburg PA
CBHW081153070526
44583CB00021B/2813